最新AI

「ChatGPT」を使った投資戦略

Generative
Pre-trained
Transformer

社会投資家 竹井佑介
Social Investor YUSUKE TAKEI

KKベストセラーズ

はじめに

これからの未来、食べるために人間が働かなくてもよくなる時代が到来する、と私は確信しています。そういう時代になると、人間の代わりに働くのは機械やロボットであり、その頭脳となるＡＩ（人工知能）の存在は今よりもさらに重要になります。

ＡＩの普及は、インターネット同様、いやそれ以上に大きなインパクトになると私は考えています。インターネットが登場した当時、こんなものは使えないと言っていた人がいましたが、現在の世の中を見てみると、インターネットがない環境は考えることができません。そして、インターネットの登場および普及よりも大きな地殻変動がＡＩによってもたらされると感じています。

これは一部のビジネスシーンや日常生活においてだけではありません。投資についても同様です。詳しくは本書内にて説明しますが、投資においてＡＩを使いこなせる人と使いこなせない人で、大きな格差が出てくることは間違いないでしょう。

具体的な例をあげてみましょう。

我々投資家にとって、大変な作業の１つがリサーチです。多くのニュース記事を読んで分析するといった作業をＡＩが行ってくれると、かなりの時間を短縮することができます。ＡＩを投資に活用できることを想像すると、それを行っていない他の投資家より優位に立てると思いませんか？

さらに重要なポイントは、このＡＩを活用するのに資格などが必要ないことや、使いこなすことができれば、投資のプロと呼ばれるような人と同じリサーチ結果を一般の人でも手に入れられるということです。

つまり、ＡＩによって投資における格差がなくなっていくので、たとえ今まで投資に関わりのない人であっても、これからＡＩを使いこなすことで大きな利益を手にする可能性が高くなったのです。

本書では、これから飛躍的な発展を遂げるであろうＡＩについて、それをいち早く使いこなすことで資産を爆増させるためのヒントやアドバイスを紹介していきます。

そして、本書を手に取られた方だけにスペシャルな特典を用意致しました。次のページのＱＲコードからアクセスし、是非受け取っていただければと思います。

本書を手に取られた方が、ＡＩを活用した投資で利益を得て、素晴らしい未来を迎えることを心から願っています。

竹井佑介

本書読者様への特典

下記QRコードよりご登録ください。

↓ ↓ ↓

特典1

投資作業を“AIに丸投げ”できる！
初心者・未経験者のためのAIツール
「Stockey」を限定公開！

特典2

年間1000万円の収益を手にする
仕組みを構築するための
プレゼント動画「全3本」！

LINE友だち追加で受け取ることができます！

期間限定の特典となっていますので
お早めにご登録ください。

目次

第3章

AIをどのように投資へ活用するか

第4章

米国株に対する4つの基本的な投資法

第5章

インデックス投資の強さ

第6章

インデックス投資だけを行うリスク

・本書では解説のためにウェブページのスクリーンショットなどを掲載していますが、解像度の関係で文字などが見づらい場合があります。あらかじめご了承ください。

第1章

「AI社会投資家」として世界をよくしていきたい

社会投資家を志したきっかけ

本書では新時代の投資手法として、ＡＩを活用する方法、また米国株の投資法を説明していきますが、その前に私自身のことを読者のみなさまに知っていただきたく、ここでは私の半生を簡単にお話しさせてください。

私は熊本県の天草諸島に生まれました。今でこそ**「社会投資家（ソーシャルインベスター）」**として活動させていただいていますが、子供の頃は裕福とはほど遠い環境で育ちました。そういった環境だったからこそ、お金の大切さを実感することができ、現在の活動につながっているのだと思います。

地元を出て北海道大学に進学した私は、どうにか自分で学費と生活費を稼ごうと考え、専攻していた数学の知識を活かしてできるものはないかと副業を探していたところ、投資に出合いました。大学院博士課程を中退してしまうほどトレードに没頭した私は、自分自身が稼ぐだけではなく、いろいろな方にトレードを教える立場になりました。

その結果、数々の素晴らしい出会いを経験することができたのですが、これは非常に幸運なことだと思っています。

トレードやそれを教えることと同時にさまざまな事業も立ち上げてきた私は、現在「社会投資家」として世界中でさまざまな活動を行っています。

「社会投資家」とは「投資を行うことで世界をより良くする活動家」と私は定義づけています。

社会起業家は起業や事業を通して関わった人たちを幸せにしていきますが、私は投資を行うことによって世界をより良く変えることで、１人でも多くの人を幸せにしていきたいと考えて活動を行っています。

「金は天下のまわりもの」という言葉があります。

お金がきちんとまわる世の中の仕組みを作ることで、関わったすべての人たちが幸せになることができると私は考えています。

たしかに投資をすればお金は自分のところから出て行ってしまいますが、そのお金がさまざまな人に喜びを与えてきて、自分の元に返ってきます。お金が人を幸せにしながら循環して自分に戻ってくるという意識を私は常に持っています。

私が社会投資家を強く志したきっかけは、２０１１年に起きた東日本大震災でした。当時、私はバリ島にいたのですが、震災のニュースを聞いて「自分にできることは何か？」と必死に考えたのです。

お金の寄付のほか、現地に入ってボランティア活動も行いました。被災地の惨状、多くの人が亡くなった現実を目の当たりにした私は、人生について深く考えざるを得ませんでした。人は誰でもいつか死ぬ。それならば、生きている間に自分にできることを精一杯やろう、という考えに至ったのです。
自分にできることは何か？　そう考えた時にたどり着いたのが社会投資家としての理念です。

「投資を行うことで世界をより良くしていく」

そう確信した私は、世界中で1人でも幸せな人を増やすために、毎日精力的に活動を行っています。

・現在の主な取り組み

私が行っている活動のうち、いくつかをここで紹介させてください。

・子ども食堂　まるちゃん家（ち）

私の出身地である天草に「まるちゃん家（ち）」という子ども食堂があり、支援させていただいています。

育児放棄などさまざまな事情があって、家でご飯が食べられなかったり、学習支援が必要だったりする子どもたちは天草にもいますが、そういった子どもたちをサポートする公共の場所がありません。そうした子どもたちを受け入れ、地域で見守るスペースとしての子ども食堂を支援しています。

・このいろスクール

こちらも天草にある施設です。私は「教育が人を変える」と常々思っているので、教育関連の活動には特に力を入れています。

このスクールは子ども中心の教育を行うフリースクールで、勉強についていけない子、ADHDといった理由で学校に馴染めない子たちが安心して過ごせる場を提供しています。

・UTSS(Under The Same Sky)

Under The Same Skyの名の通り、同じ空の下、助け合っていこうという意味が込められており、地方創生、英会話スクール事業、日本人の国際的地位向上、フィリピン人の先生の待遇改善を目指した取り組みです。元々セブ島での英語留学で知り会い、その後日本で英語を教えていたフィリピン人の先生から、コロナ禍によって仕事が減少してしまった話を聞いてこの事業を立ち上げました。

フィリピン人の先生の給与が13年間ほとんど変わっていないことを聞き、まず初任給の水準を1・5倍ほどに設定しました。さらに、私の地元で廃校が増えているという問題を知った私は、廃校に英会話スクールを作ればさまざまな問題が一気に解決できると閃いたのです。

日本国内にいながら留学できるような英語スクールを作れば、時間に余裕のある学生や経営者などが通ってくれます。そうすると、例えば経営者がその地方を気に入ってくれれば、サテライトオフィスの設置や新規事業を起こしてくれるかもしれません。そのようにして働くところが増えれば、人口減少問題の解決にもつながるのではないかと考えています。また和を以て貴しとなすと考える日本人が英語を話せるようになって世界で活躍の場を広げていけば、日本の国力の向上はもちろんのこと、世界がより平和になると考え、取り組んでいます。

・DAREDEMO HERO

フィリピンのセブ島にある海外国際ボランティア団体です。日本にいると想像しにくいですが、海外を見てみると、親が殺されてしまった、また親が訳あって刑務所で服役している、といった恵まれない子どもが多くいます。そうした子どもたちをサポートする団体を支援しています。

フィリピンの貧困層の子どもたちは、将来学校の先生・医者・看護師などになりたいといった夢を持っており、そうした夢を実現できるようにサポートを行っています。最近では、パイロットを目指している子がアメリカのパイロット養成学校に留学したり、フィリピン大学の医学部に入学したりするような子も出てきました。

・ミャンマー支援

２０２１年に軍事クーデターが発生したミャンマーは、同国の国軍が政権を掌握してしまっています。私の友人が旅行会社を経営していたのですが、事業を継続することができなくなってしまいました。

そういった環境でも、バイタリティ溢れるこの友人は路頭に迷ってしまった若者たちが海外で働けるようにと人材紹介の事業を立ち上げたので、そのサポートと今後、共同事業を行う準備をしています。

ミャンマーの若者たちは隣国のタイやマレーシアに亡命することが多いのですが、それ以外の選択肢として日本にもすでに400人ほど迎え入れることができており、その方々の日本での生活の支援などをしています。

ほかにも数多くの活動をしていてここでは紹介しきれないのですが、最近の主な活動としては以上です。

ＡＩを投資で使いこなすために

このように社会投資家として活動してきた私ですが、現在一番の関心事はＡＩです。

本書の「はじめに」でも書きましたが、これからの時代はＡＩを使った投資手法が一般的になると私は確信しています。また、ＡＩを活用することで、現在よりも効率的に、より多くの人が利益を手にして幸せになれると考えています。

読者の方には、いち早くＡＩを使いこなしていただき、大きな利益を手にして欲しいと思っていますが、何も考えずにＡＩ任せで投資を行ったからといって利益が出るわけではありません。ＡＩを使いこなすための基礎知識、また投資先についてもきちんとしたロジックに基づいた大まかな選択が必要になります。

具体的に使用するのはＣｈａｔＧＰＴなので、次の章では本書執筆時点でのＣｈａｔＧＰＴについて説明します。

第2章

AIの現状とその影響

AI時代を牽引するChatGPTとは？

私たちが日々生活する上で今後なくてはならない存在になるであろう、新しいテクノロジーが誕生しています。それが**AI（人工知能）**です。

AIは私たちの生活を変革し、ビジネスを再形成し、科学を推進し、さらには人類の未来そのものを形成する可能性を持っています。中でも、今回注目するのはOpenAIが開発した**「ChatGPT」**というAIです。

ChatGPTは大量のテキストデータを使ってトレーニングされた、大規模言語モデル（LLM：Large Language Models）であり、簡単に言えば世界中のウェブページなどを学習し、自然な言葉を生成することができる対話形式のAIです。

ＡＩと聞くと難しい印象を持ちますが、一般の人々にも使いやすいインターフェース（ウェブページ）を持っていることで、全世界で利用されています。

リリースからたった２ヶ月で１億人の利用者を獲得し、そのスピードが世界最速だったことからも、その勢いは分かります（※）。

そして、ＣｈａｔＧＰＴは複数のバージョンが存在しており、新しいバージョンに進化するたびに、その知識や理解能力が飛躍的に向上しています。

その象徴が、ＧＰＴ-３・５からＧＰＴ-４への進化です。ＣｈａｔＧＰＴの公式サイト

1億人のユーザー獲得までにかかった時間は何ヶ月？

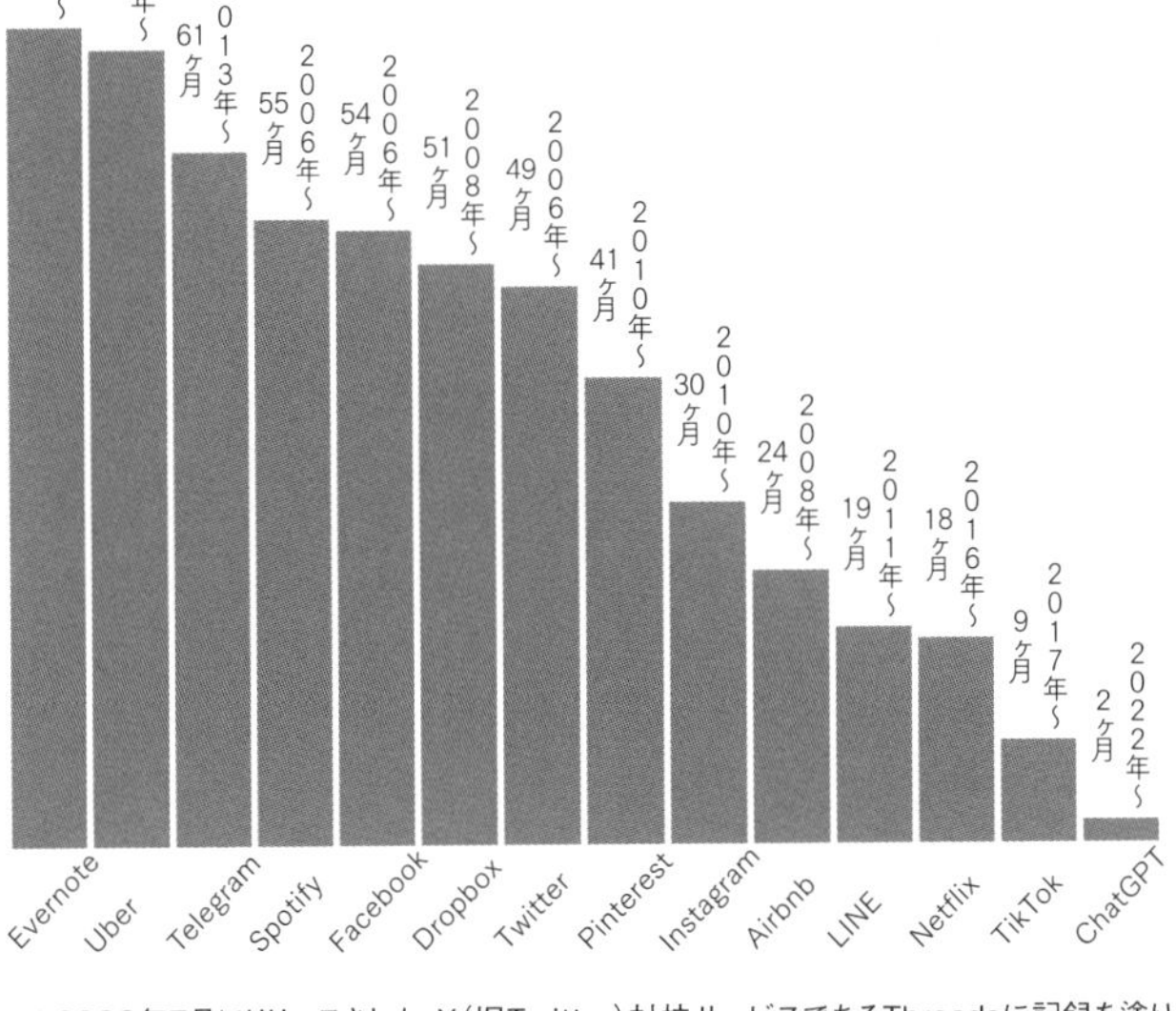

Evernote 72ヶ月 2008年〜
Uber 70ヶ月 2010年〜
Telegram 61ヶ月 2013年〜
Spotify 55ヶ月 2006年〜
Facebook 54ヶ月 2006年〜
Dropbox 51ヶ月 2008年〜
Twitter 49ヶ月 2006年〜
Pinterest 41ヶ月 2010年〜
Instagram 30ヶ月 2010年〜
Airbnb 24ヶ月 2008年〜
LINE 19ヶ月 2011年〜
Netflix 18ヶ月 2016年〜
TikTok 9ヶ月 2017年〜
ChatGPT 2ヶ月 2022年〜

※2023年7月にリリースされた、X（旧Twitter）対抗サービスであるThreadsに記録を塗り替えられています。

によると、ＧＰＴ-４は、さまざまな専門的・学術的な試験において、人間と同等または人間を超えるパフォーマンスを示しました。

　例えば、司法試験の模擬テストを行った際には、ＧＰＴ-３・５は「下位10％」のスコアを獲得したのに対し、ＧＰＴ-４は受験者の「″上位″10％」のスコアで合格しました。

　このように、ＣｈａｔＧＰＴは現在進行形で飛躍的な進化を続けており、ＡＩ時代を牽引しています。

　ＡＩの進歩により仕事を奪われるという懸念をする方も多いですが、その一方で、新たな可能性も広がっていることは確かです。

【試験結果（GPT-3.5 パフォーマンス順）】

GPT-4は画像処理が可能なモデル。GPT-4（no vision）は画像処理が不可能なモデル。

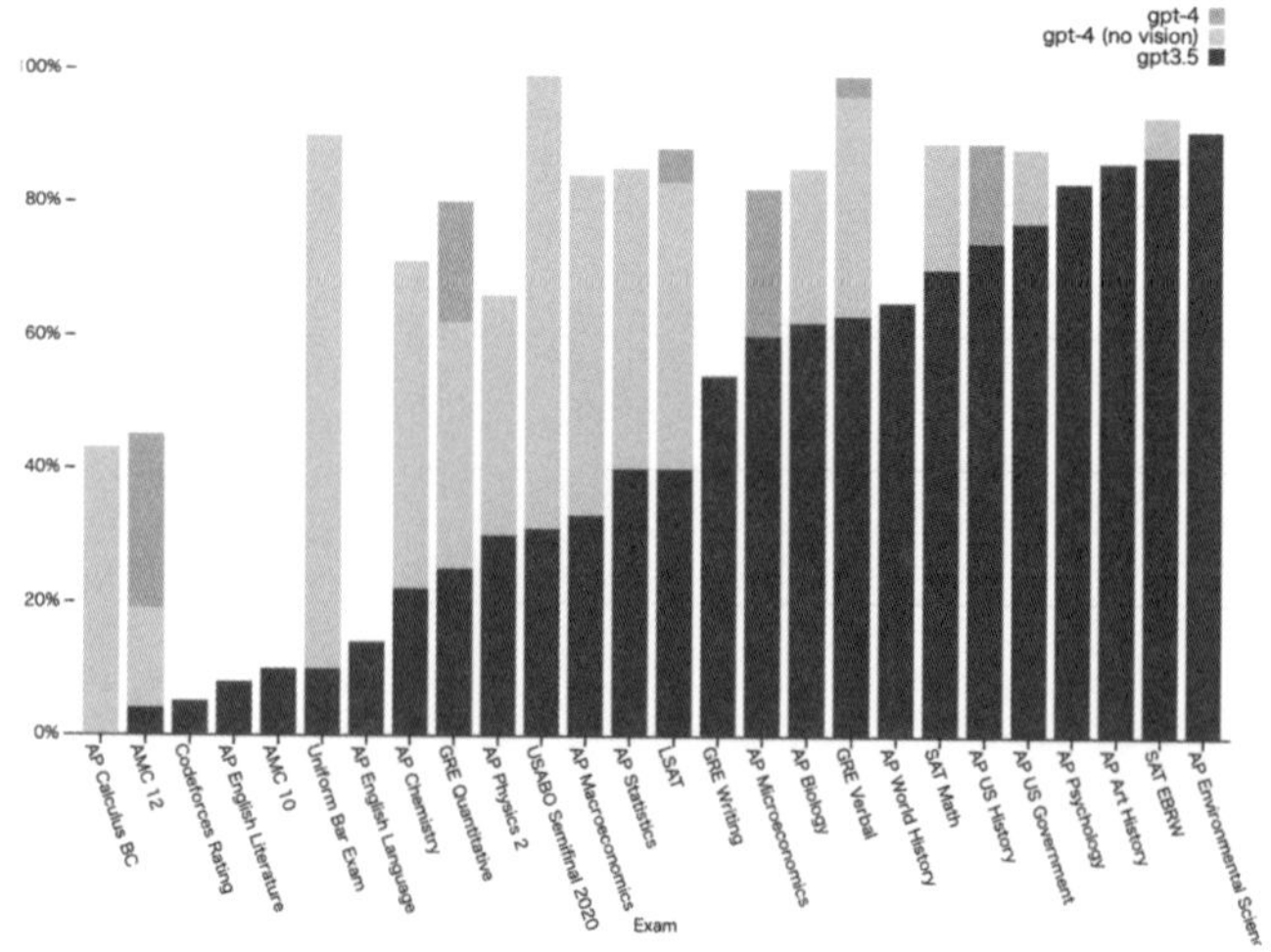

出典:https://openai.com/research/gpt-4

例えばＡＩは、これまで人間が行うことが難しかった大規模なデータ分析を実行でき、科学や技術、投資などの世界で新たな発見をするかもしれません。

また、ＣｈａｔＧＰＴは誰でも利用することができるため、利用者は等しく高度な教育や情報を得られ、私たちの生活、社会、さらには未来に対して大きな影響を及ぼす存在となっていくことが容易に想像できます。

かつてＰＣやインターネットが登場した当初は「そんなもの誰も使わない」と揶揄されることもありましたが、今やそれらのない生活はとても考えられません。

現在、それと同じようにＡＩに対してネガティブな意見も少なくありませんが、これから世界中の誰もが使うようになる時代が訪れるでしょうし、ＡＩの利点を最大限に活用する方法を私たちは考えていくべきだと思います。

この新たなＡＩ時代を理解し生き抜くために、まずは「ＣｈａｔＧＰＴ」という存在を理解することから始めましょう。

AI市場は2024年に81兆円になる予測

ＩＴ・通信分野に関する調査・分析を行っているグローバル企業であるＩＤＣは、世界のＡＩ市場に関する調査結果として、２０２１年におけるＡＩ関連ソフトウエア、サービス、ハードウエアの総売上高は３２７５億ドル、２０２４年には５５４３億ドルになるというデータを発表しました。２０２３年９月時点の１ドル＝１４７円計算で81兆４８２１億円にものぼります。

コロナショックの影響が出る前の２０１９年のデータでは建設業が57兆円、不動産業が45兆円市場ですので、81兆円市場というのがどれだけ大きいか分かると同時に、私たちの生活にこれからますますＡＩが浸透していくことが容易に想像できます。

ＡＩ市場は特定の産業、特に製造業、小売業、金融サービス業界で目立っており、これらの産業ではＡＩが顧客体験の改善、効率性向上、リスク削減などに活用されています。

さらにビジネスの世界でこれからＡＩを活用することは必須となり、競争優位を保つための基

【AIサービス分野の売上高】

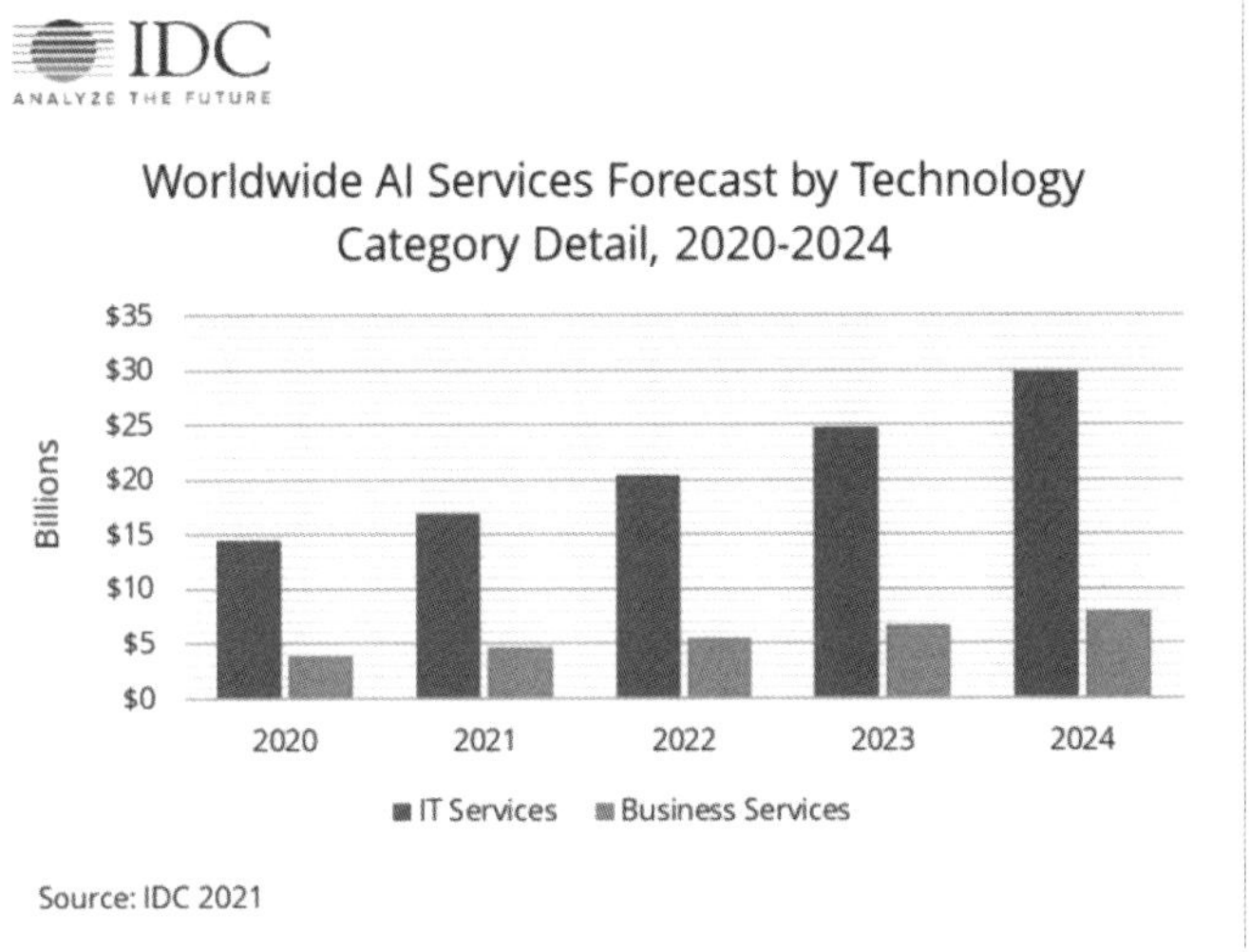

出典:https://japan.cnet.com/article/35167342/

本になるでしょう。

世界中の大企業がＡＩを取り入れていますが、世界的な大企業ＧＡＦＡＭ（Ｇｏｏｇｌｅ、Ａｐｐｌｅ、Ｆａｃｅｂｏｏｋ［現Ｍｅｔａ］、Ａｍａｚｏｎ、Ｍｉｃｒｏｓｏｆｔ）の事例を見てみると、ＡＩへの取り組みが一目瞭然です。

・Ｇｏｏｇｌｅは、自然言語処理の分野でＢａｒｄという大規模言語モデルを開発し、対話型ＡＩや検索エンジンなどに応用しています。

・Ａｐｐｌｅは、音声認識や画像認識の分野でＡＩを活用し、ＳｉｒｉやＦａｃｅ ＩＤ

などのサービスを提供しています。
・Ｆａｃｅｂｏｏｋ（現Ｍｅｔａ）は、仮想現実（ＶＲ）や拡張現実（ＡＲ）の分野でＡＩを活用し、メタバース事業を展開しています。
・Ａｍａｚｏｎは、電子商取引やクラウドコンピューティングの分野でＡＩを活用し、レコメンデーションシステムやＡｌｅｘａなどのサービスを提供しています。
・Ｍｉｃｒｏｓｏｆｔは、Ｂｉｎｇという検索エンジンにチャット型ＡＩを取り入れ、ユーザーの質問に対して、より正確で詳細な回答を提供しています。

このように、世界的な大企業はどんどんＡＩを取り入れており、中小企業や個人も同じく、ＡＩを正しく活用できるかどうかで、今後の命運が分かれていくと言っても決して過言ではないでしょう。

まさに今は、ＣｈａｔＧＰＴをはじめとしたＡＩ技術が注目を浴び、その進化の第一歩を踏み出したばかりなので、まだほんの始まりに過ぎないということを覚えておいてください。

AI格差＝貧富の差

ＡＩが普及し始めると多くの価値が生まれます。しかしその反面で無視できないのが**「ＡＩ格差」**です。

現在ＡＩによる格差が広がりつつあり、ＡＩをどれだけ活用できるかによって、さまざまな面で差が出てくることになるでしょう。

なぜなら、ＡＩを開発・学習するためにはＧＰＵと呼ばれるＡＩに適した演算装置が必要ですが、このＧＰＵの価格が現在高騰しているためです。

逆に言えば、ＡＩへの投資が一番リターンが高いと踏んでいるからこそ、多くの企業がこぞってＡＩ市場に参入しています。

実際のところ、これは個人でも同じことが言えます。

例えば、ChatGPTにはいくつかモデルがありますが、GPT-3・5は無料で使えます。一方でGPT-4は毎月20ドルのコストが掛かります。これは極めて安いと言えます。なぜなら、この20ドルだけで精度が何倍・何十倍にも変わるからです。

まず、テクノロジーの発達が新たな格差を生み出す事例について考察してみましょう。

歴史を振り返ると、銃の誕生、インターネットの登場、パソコンやスマートフォンの普及など、テクノロジーが誕生した瞬間は一部の人々が多くの利点を得て、一時的に大衆が後れを取る傾向があります。

なぜなら、普及する前のテクノロジーは、その利用方法や利点を理解し活用できる人たちがごくわずかだからです。しかし時間の経過と共に、新技術は誰もがシンプルかつ簡単に利用できるようなものになることで、最初に生じた格差は徐々に縮小します。

現在、AIも同じような状況にあり、一部の専門家や勉強熱心なユーザーだけがその価値を享受している状況であり、まだまだ一般ユーザーはその真価を発揮できていないのが現状です。

しかし、この状況は一方で大きなチャンスを示しています。AIの活用方法を学ぶことで、この新しい領域に早期参入し、先行者利益を得られる可能性があります。具体例を1つあげてみましょう。

先述した通り、AIの学習には大量の計算が必要なため、GPUが搭載されたグラフィックボードと呼ばれる機器が活用されます。例えば、グラフィックボードの大手メーカーである、NVIDIA（エヌビディア）の10年前（2013年8月）の株価は約3・5ドルでした。そして現在（2023年8月）の株価は約488ドルです。つまり、たった10年で139倍も上昇しています。

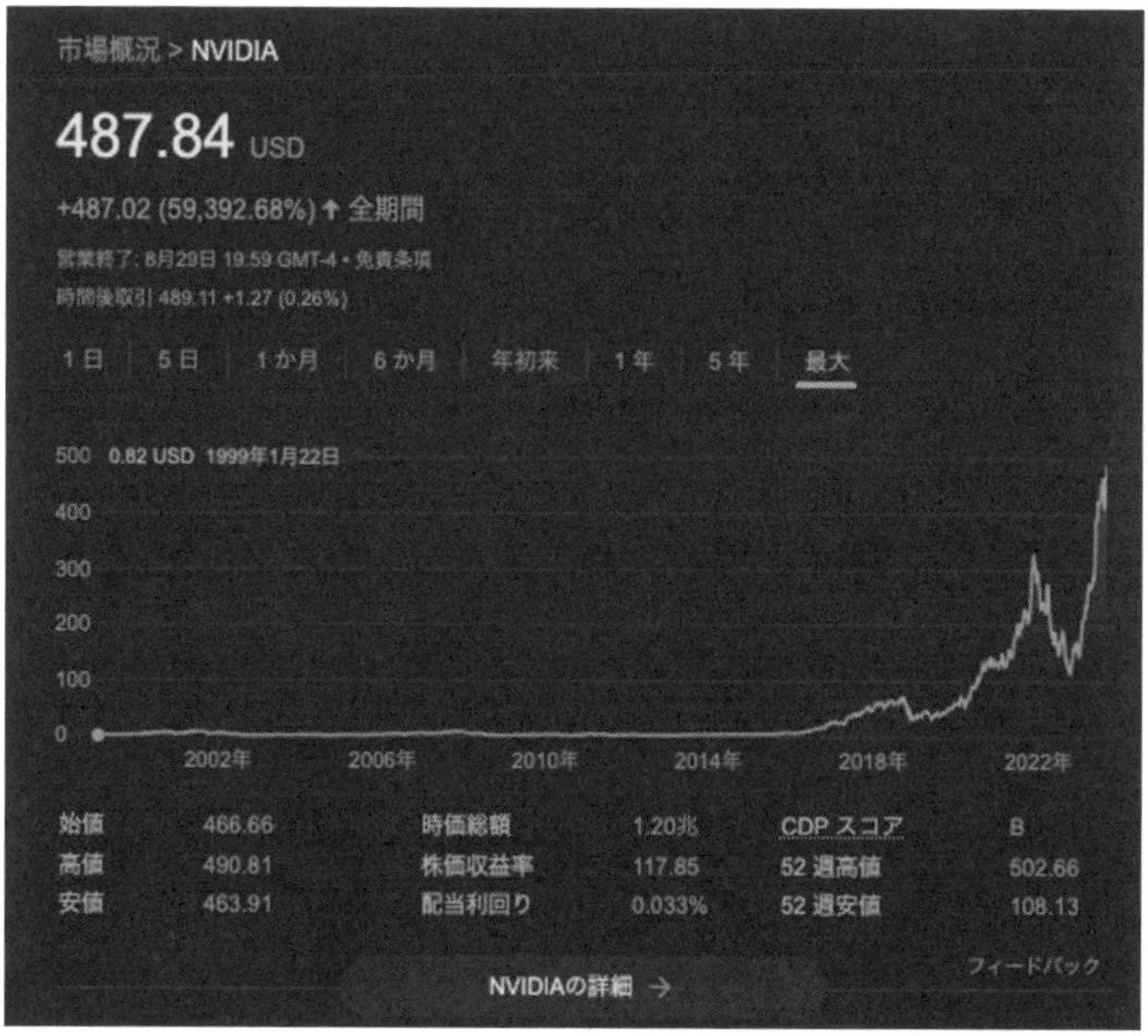

出典:google検索

もちろんこれはチャンスを示すための一例に過ぎませんが、今からChatGPTなどのAI活用方法を学び実践することで、自分自身を有利な位置に置くことができるでしょう。

以上をふまえると、現在存在する「AI格差」は、大衆にとって不公平な状況である一方、それをうまく利用することができれば大きなチャンスともなり得るということです。

繰り返しになりますが**「AIへの投資が最も大きなリターンをもたらす」**と私は信じています。

AIはこれからの生活において必要不可欠な技術となるため、早くからその理解と活用に励むことが重要なのです。

第3章

AIをどのように投資へ活用するか

AIを使えば投資の素人がプロと同じ土俵に立てる

続いて、第3章では実際にChatGPTを始めとするAIをどのように投資に活用するのか？　といった点について深掘りしていきます。

投資というのは言い換えれば、情報収集と分析に基づく意志決定です。投資の各段階において、AIの力を借りることの大きなメリットがいくつもあります。まずは、そんな投資プロセスにおけるAI活用の可能性を見てみましょう。

・リサーチフェーズ

投資の前段階では対象となる企業や市場のリサーチを行い、企業の事業内容と経営者、財務状況や業界の動向を詳細に調査します。このフェーズには膨大な時間と労力が必要ですが、AIは巨大なデータセットを即座に解析し、情報の山から関連性の高いデータを見つけ出し、整理して提示してくれます。

・分析フェーズ

リサーチした情報を基に投資対象の価値を分析します。企業の成長性、競争力、財務健全性などを評価することが求められるこのフェーズでも、ＡＩはその能力を発揮します。ＡＩは統計学的手法と詳細な分析モデルにより、人間が見落としやすいパターンや予測困難なトレンドを抽出することが得意です。

・評価フェーズ

投資対象の現在の株価がその企業の本当の価値を反映しているかを評価します。株価の割安性や割高性を判断するための指標を用いるこのフェーズでも、もちろんＡＩが活躍します。

・投資決定フェーズ

最終的な投資判断は私たち人間が行うことになりますが、ＡＩによって導き出された多彩で正確なデータを基にすることで、従来以上に投資先の全体像を把握することができるため、確信を持って投資判断を下すことが可能になります。

・モニタリング／売却フェーズ

投資後の投資対象の状況を定期的に確認し、その状況が大きく変わった場合には売却を検討します。このフェーズでもＡＩによるサポートが可能です。

後ほどさらに具体的な事例をご紹介しますが、このようにＡＩは投資のプロセス全体で活躍するため、投資の素人でもプロと同じ土俵に立つことができるようになります。

本来、投資は膨大なデータ分析が必要な行為であり、素人とプロの間には大きな差がありましたが、ＡＩは特に大量のデータ処理を得意とするため、投資という分野で大いにその能力を発揮します。

また、従来これらのリサーチなどを手作業で行おうとすると、数時間・数十時間という膨大な時間がかかりましたが、ＡＩは瞬時に結果を導き出すことができるため、時間を大幅に短縮し、さらに人間が見落とす可能性のあるパターンや関連性を正確に抽出してくれます。

これにより投資分析の精度を向上させ、より確信を持って投資を行うことができ、結果としてリスクを軽減し、収益性を向上させる可能性が高まります。

いわばＡＩは自分専属のリサーチアシスタントとして24時間いつでもサポートしてくれる存在であり、投資の素人でもプロ顔負けの投資戦略を実行することが可能な時代になっています。


ＡＩと投資の結びつきは投資家の成功を助け、より多くの人に投資を実践する機会を提供します。これまで述べてきたように、投資とＡＩ（ＣｈａｔＧＰＴ等）は既に高い親和性を示していますが、今後ますます親和性が強まっていくことは間違いありません。

ですから今のうちにＡＩを活用し、味方につけておくことは、将来大きなアドバンテージになる可能性が高いのです。

投資におけるAI活用事例

次に、実際のAI（ChatGPTや他ツール）活用事例をいくつかご紹介します。本節を読むことでAIの実用性が理解できるでしょう。

ChatGPTを活用したサービスは世界中に大量に存在します。

例えば次のページに掲載したAIサービスは、企業と投資に関する情報を提供するAIサービスであり、出力される情報には信頼できる情報源（例えば財務報告書、プレスリリース、市場調査、専門家分析など）、推論、グラフなどのデータが含まれます。

このAIサービスに「Apple社の2024年の売上予測は？」と聞いてみると、次のように膨大なデータが数秒で表示されます。

【Apple社の2024年の売上予測をAIに聞いた場合の解答例】

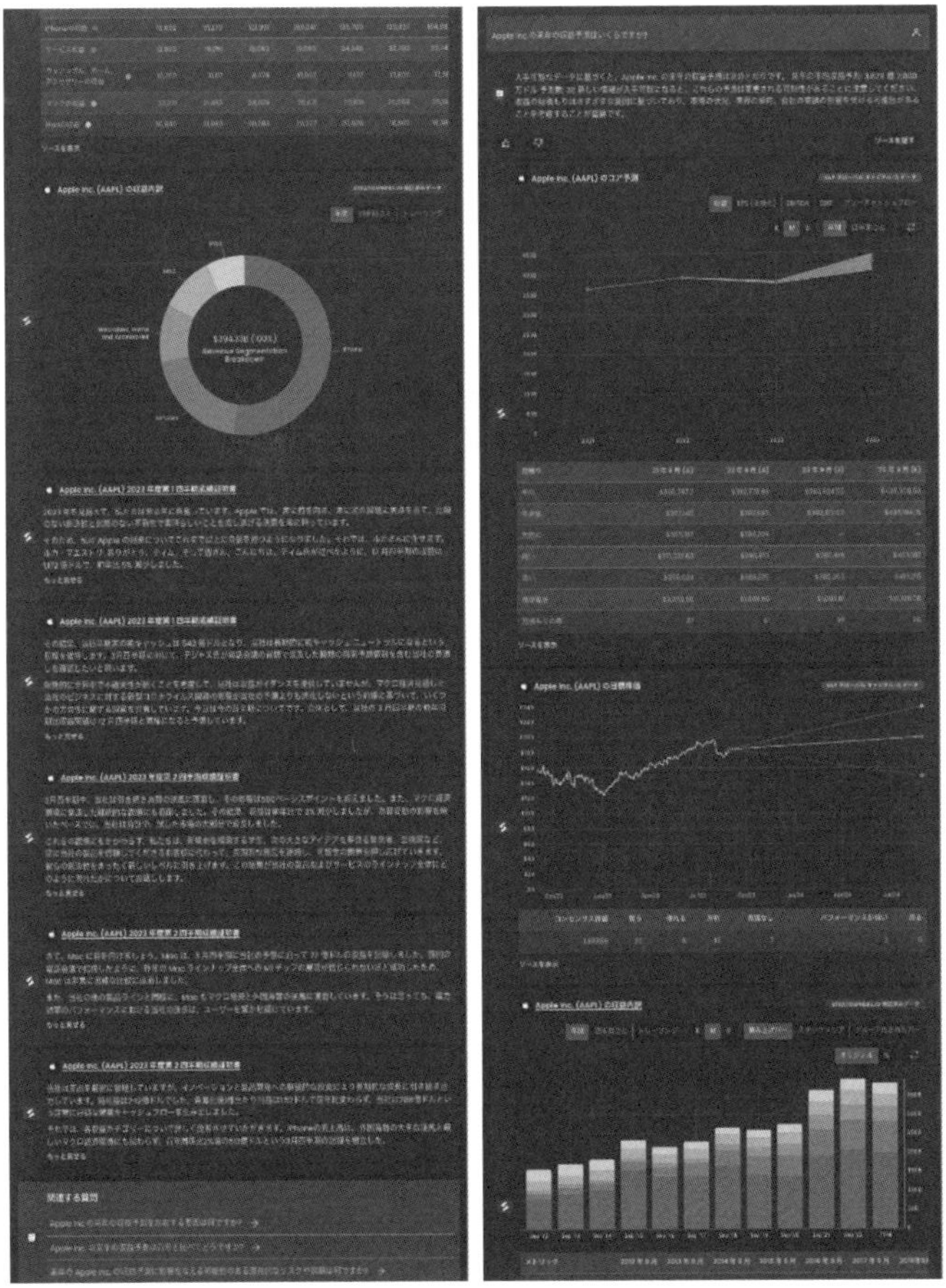

出典:FinChat(https://finchat.io/chats/)

内容を要約すると以下の通りです。

・Apple Inc.の2024年の平均収益予測は3829億2000万ドル。
・Apple Inc.の収益は市場状況、業界の傾向、会社の業績などさまざまな要素に影響を受ける。
・iPhoneの売上は、前年同期比2％増で、3月期の記録を更新。
・Macの収益は、72億ドルを記録。
・Apple Inc.は、イノベーションと製品開発への継続的な投資を通じて、長期的な成長を目指している。
・Apple Inc.の純利益は242億ドルであり、1株当たり利益は1・52ドル。

このように米国株投資で存分に活用することが可能で、テンバガー（81ページ参照）銘柄を見極めるのにも非常に役立ちます。

これらの情報を仮に自分で一つ一つ調べるとなれば、1日がかりのリサーチ作業になることは間違いありません。しかしこのAIサービスを使えば、ビッグデータに基づいてほんの数秒でリサーチ結果が回答されるのです。

次に、ChatGPTの事例をお伝えします。

ChatGPTの実践にあたって、キーワードは**「プロンプト」と「プラグイン」**の2つです。

まずはじめにプロンプトというのは、簡単に言えば「命令文」です。

プロンプトだけで1冊の本が書けてしまうくらい奥の深い内容になりますので、ほんの一例だけご紹介します。

例えば、以下のようなプロンプトを送ります。

「リスクの低い現時点での最良の投資は何ですか?」

そうすると、次ページのような回答がきます。

ST リスクの低い現時点での最良の投資は何ですか？

現時点でのリスクの低い投資を考える際には、いくつかの選択肢があります。以下にいくつかのオプションを示し、それぞれの利点と注意点を説明します。

1. **定期預金や貯蓄口座**:
   - 利点: 非常に安全であり、元本保証があるため、ほとんどリスクがありません。銀行によって提供されるため、一般的に信頼性が高いです。
   - 注意点: 利回りが低く、インフレによる資産の減少を考慮する必要があります。将来の資産成長に限界がある場合があります。
2. **国債**:
   - 利点: 政府が発行する国債は、信頼性が高く、比較的安全な選択肢です。定期的な利息収入を得ることができます。
   - 注意点: 利回りは一般的に低く、長期間縛りがあることがあります。金利変動リスクやインフレへの影響も考慮する必要があります。
3. **株式市場の安定した企業**:
   - 利点: 大手安定企業の株式は、長期的に安定した成長が期待される場合があります。株式は資本利得を追求できる可能性もあります。
   - 注意点: 株式市場は変動が大きく、価格が下落する可能性があります。特に短期間の投資ではリスクが高いです。
4. **ボンドファンド**:
   - 利点: ボンドファンドは、複数の債券を組み合わせた投資であり、リスクが分散されています。定期的な利息収入が期待できます。
   - 注意点: 金利の変動によりファンドの価格が変動することがあります。ファンドの運用手数料も考慮する必要があります。
5. **低リスク投資信託 (ETF)**:
   - 利点: 低リスクのETFは、特定の市場セクターや資産クラスに分散投資する方法です。分散効果によりリスクが軽減される場合があります。
   - 注意点: 市場全体の下落には影響される可能性があります。運用費用や手数料も考慮する必要があります。

総合すると、リスクの低い投資を選ぶ際には、元本保証や安定性が重要ですが、同時にインフレへの対策や資産の成長も考慮する必要があります。投資の目的や期間に応じて、上記の選択肢を組み合わせることも検討されるかもしれません。

出典:ChatGPT（https://chat.openai.com/）

これはあくまでも一例になりますが、ここで断言できることは**「プロンプト1つで精度が何倍にも変わる」**ということです。

今回は事例のためにシンプルなプロンプトをお見せしましたが、何百文字にも渡る高度なプロンプトがいくつも存在しており、私の抱えている精鋭AI開発チームが日夜プロンプトやツールを研究しています。

より具体的なプロンプトの使い方や事例については、本書の第9章以降で説明しているので、そちらをご覧ください。

そして次に**「プラグイン」**についてです。

ChatGPTの機能を拡張し、特定の分野に特化させられるのが「プラグイン」です。ChatGPTには数多くのプラグインが存在しますが、今回は特に優秀なプラグインをいくつかご紹介します（プラグインは毎日のように更新されており、時期によっては使えなくなっている場合もあります）。

●Boolio Invest
各銘柄の分析を行ってくれるプラグインで、企業の概要やスコア、パフォーマンス、アナリストがその銘柄をどのように考えているのかなどを知ることができる。

●Statis Fund Finance
Yahoo!ファイナンスから財務データを取得するプラグインで、過去データの取得、移動平均の計算、相対力指数（RSI）の計算、取引量の取得、ボラティリティの計算、価格変動の計算、指定した銘柄ティッカーに対するボリンジャーバンドの生成なども可能。

プラグインを活用すると、ChatGPTはより具体的かつ深い答えを提供してくれるようになります。このようなプラグインには設定が必要なのですが、その方法は第9章以降にて解説しています。

プラグインの活用例ですが、例えばBoolio Investというプラグインを使い、次のような内容のリクエストをChatGPTに投げてみます。

「成長性と利益性を重視した投資スタイルで、米国のテクノロジーセクターの株式をスクリーニングしてください。」

すると、ほんの数秒で下の画像のような回答が返ってきます。

また、Statis Fund Financeというプラグインに対して「AAPL（Apple）の過去1年間の株価データと前月比の変動率を教えてください。」と指示する

出典:ChatGPT(https://chat.openai.com/)

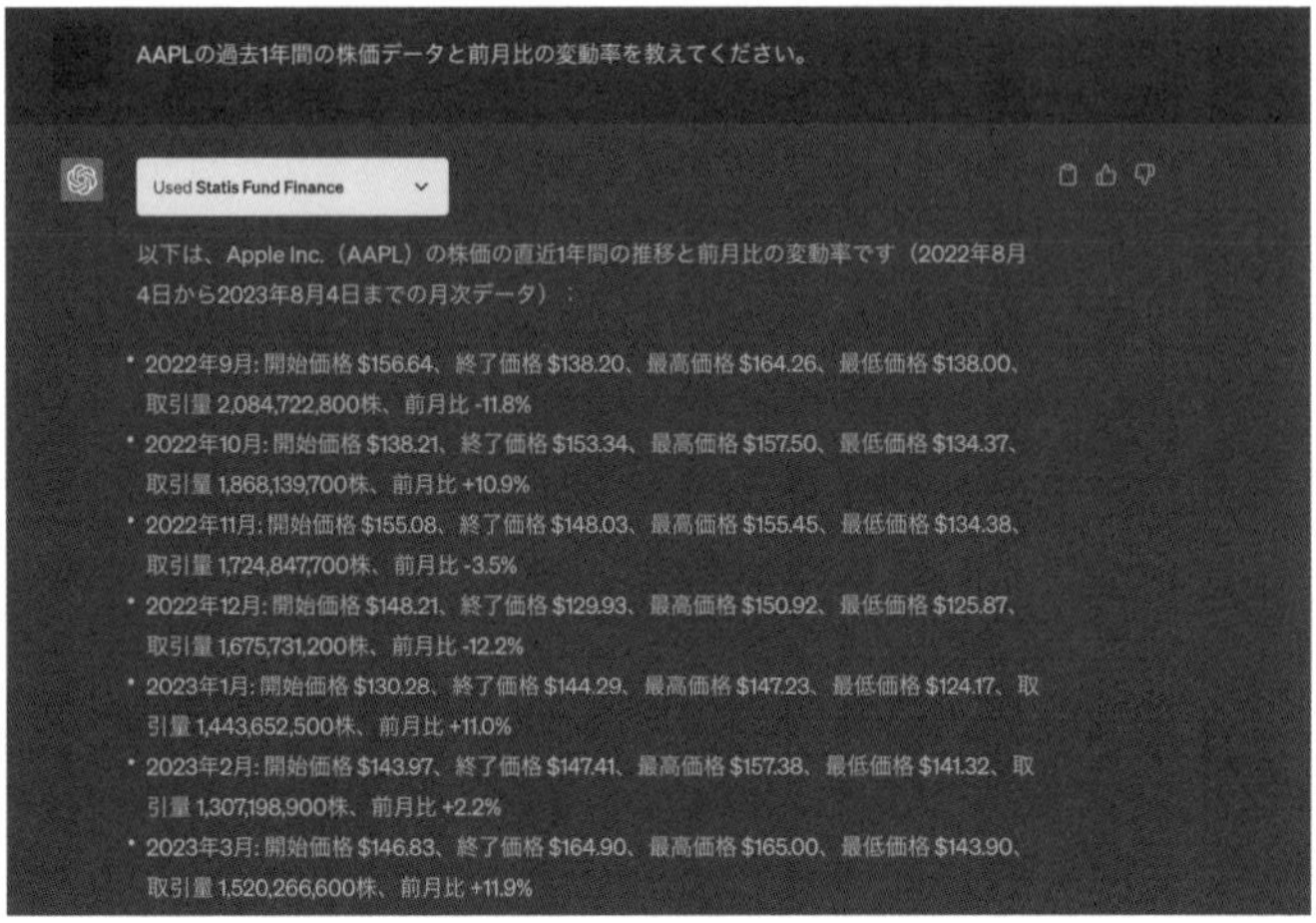
AAPLの過去1年間の株価データと前月比の変動率を教えてください。
Used Statis Fund Finance
以下は、Apple Inc.（AAPL）の株価の直近1年間の推移と前月比の変動率です（2022年8月4日から2023年8月4日までの月次データ）：
・2022年9月: 開始価格 $156.64、終了価格 $138.20、最高価格 $164.26、最低価格 $138.00、取引量 2,084,722,800株、前月比 -11.8%
・2022年10月: 開始価格 $138.21、終了価格 $153.34、最高価格 $157.50、最低価格 $134.37、取引量 1,868,139,700株、前月比 +10.9%
・2022年11月: 開始価格 $155.08、終了価格 $148.03、最高価格 $155.45、最低価格 $134.38、取引量 1,724,847,700株、前月比 -3.5%
・2022年12月: 開始価格 $148.21、終了価格 $129.93、最高価格 $150.92、最低価格 $125.87、取引量 1,675,731,200株、前月比 -12.2%
・2023年1月: 開始価格 $130.28、終了価格 $144.29、最高価格 $147.23、最低価格 $124.17、取引量 1,443,652,500株、前月比 +11.0%
・2023年2月: 開始価格 $143.97、終了価格 $147.41、最高価格 $157.38、最低価格 $141.32、取引量 1,307,198,900株、前月比 +2.2%
・2023年3月: 開始価格 $146.83、終了価格 $164.90、最高価格 $165.00、最低価格 $143.90、取引量 1,520,266,600株、前月比 +11.9%

出典:ChatGPT（https://chat.openai.com/）

と、上の画像のような回答がきます。このように、質問に対する正確な回答を数秒で得ることができます。

また、これはほんの一例であり、さまざまな分野に応じて最適なプラグインを選択し、ＣｈａｔＧＰＴの機能をカスタマイズすることができます。先述した通り、これらのリサーチ手順を自分で行おうとすると、多くの時間と労力が必要となります。

しかしＣｈａｔＧＰＴのプラグインをはじめ、ＡＩを活用できれば多くの時間的／労力的な短縮につながりますし、それだけ多くの企業をリサーチできるようになりますので、結果としてより良い投資先を見つけられる可能性が高まり、米国株投資リターンの上昇にもつながるでしょう。

本書の第9章では「ＣｈａｔＧＰＴの具体的な活用方法」を、第10章では「株式投資に活用できる優良プラグイン5選」を紹介していますので、そちらをよく読んで使いこなしてください。

AIで誰もが社会投資家（ソーシャルインベスター）になれる時代

第1章でもお伝えした通り、私はこれまで10年以上、社会投資と教育活動に取り組んできましたが、私が過去に出会ってきた人たちの中にも、社会投資を実践したいという方はたくさんいらっしゃいました。

けれど、自分1人の力だけではどうしても投資で収益を得られないことや、モチベーションを保てないことなどが原因で、多くの人が途中で挫折してしまいます。

つまり、〝これまでの時代〟は、社会投資家としての「第一歩」を踏み出すこと自体がとても難しかったのです。

しかし、時代は進化し続け、ＡＩという、人の学習や投資を強烈にサポートするテクノロジーが生まれました。これは時代のとても大きな転換点だと考えています。ＡＩを活用し、誰もが社会投資家としての第一歩を踏み出すことができる時代がやってきました。

現在私は、日本初の「ＡＩ×投資スクール」を開校し、運営しています。

このスクールを運営する目的は、ＡＩを活用した社会投資家、つまり「ＡＩ　Ｓｏｃｉａｌ　Ｉｎｖｅｓｔｏｒ」を世界中に輩出していくことです。

「投資を通して人々を幸せにする」という、社会投資家としての私の想いのすべてが詰め込まれています。

このＡＩ×投資スクールでは、ＡＩの活用方法、専用の学習サイト、具体的なＡＩ投資の実践方法など、誰もが「ＡＩ　Ｓｏｃｉａｌ　Ｉｎｖｅｓｔｏｒ」になれるコンテンツを提供しています。

さらに、私自身が長年学んできた知識や知恵、さまざまな失敗から得た教訓をＡＩに凝縮させた「竹井佑介　ＡＩＢＯＴ」の開発も行いました。

このＡＩは言うなれば私、竹井佑介の分身であり、公式ＬＩＮＥから誰でも自由に使うことができ、24時間サポートしてくれます。

これにより、多くの方の成功へのハードルを下げられ、たくさんのＡＩ Ｓｏｃｉａｌ Ｉｎｖｅｓｔｏｒが世界中に誕生すると信じています。


逆に言えばこれからの時代は、ＡＩを活用できるかどうかで、貧富の差・幸福度の差が大きく変わってきます。

これまで見ていただいたように、ＡＩは活用できれば非常に大きな力になってくれます。素人でもプロ顔負けの分析を、たった数秒で行うことができるのです。

ＡＩを活用すれば、たとえ投資初心者の方でも、その日のうちに「プロの投資家」になれる時代がもうやってきているのです。

ＡＩを活用して社会投資を実践し、多くの人が自分自身の生活を整え、生活の質を上げることができれば、周りの人々にも恩返しをすることが可能になるでしょう。

それが地元の人々であったり、友人だったり、また遠くの国の人々だったりする。そういった社会的な活動が増えていくことを願っています。それが本当の社会投資だと私は思っています。

お金と幸せを循環させながら、最終的には社会全体がより良くなり、巡り巡って自分のところに返ってくるというのが、社会投資の根幹となる考え方であり、私自身の人生のテーマでもあります。

ぜひ、このＡＩ時代を共に乗り越えていきたいと考えています。

あなたにＡＩ Ｓｏｃｉａｌ Ｉｎｖｅｓｔｏｒとして社会投資を実践していただければ、これ以上に嬉しいことはありません。

第4章

米国株に対する
4つの基本的な投資法

私が米国株をすすめる理由

本書では米国株を中心にお話ししていきますが、読者の中には、次のように考えている方も多いのではないでしょうか。

「なんでアメリカなの?」

「日本人なんだから、日本の会社の株に投資したい」

投資の初心者であれば、手始めに日本の株や投資信託を選ぶ方が多いでしょう。国内企業なら情報も多く親しみがありますし、日頃の愛用品を販売している企業なら応援を兼ねて投資できるというのがその理由と思われます。

しかし投資経験が長い人ほど、米国株に投資しているのも事実ですし、私も米国株投資をすすめています。なぜなら、**日本と比べアメリカの方が投資効率が高いからです。**

例えば、1995年を起点に2022年12月までのダウ平均株価と日経平均株価を比べてみると、日経平均株価は1・3倍ですが、ダウ平均株価は約6・5倍に上昇しています。

ダウ平均株価　5117・12ドル→3万3147・25ドル　6・48倍
日経平均株価　1万9868・15円→2万6094・50円　1・31倍

もちろん個別銘柄においては日本株でも大きく値を上げた企業は存在しますが、アメリカ企業に投資した方が大きなリターンを得る確率が高いと言えます。ではなぜ、アメリカ企業の方が大きなリターンを得る確率が高いのでしょうか。それには3つの理由があると考えられます。

1．米国株には高インフレ率を超える株価上昇率がある
2．アメリカは給料が上がり続けている
3．優秀な経営者はアメリカに集まっている

1つずつ解説していきます。

・理由1 米国株には高インフレ率を超える株価上昇率がある

アメリカには高インフレ率を超える株価上昇率があります。

下の図は、アメリカのインフレ率の推移です。図が示すように、ここ20年間のアメリカのインフレ率（前年比）は、年によって異なりますが毎年おおよそ0～6％の範囲で上昇していることが分かります（特に2021年は9％上昇！）。

他方、次のページにあるアメリカの大型株500社を含む株式指数「S&P500」のチャートで米国株の上昇率も見てみますと、右肩上がりになっているのが分かります。

以上のことから、**アメリカにはインフレ率を超える株価上昇率があると分かります**が、なぜアメリカでこれほど株価が

【アメリカのインフレ率】

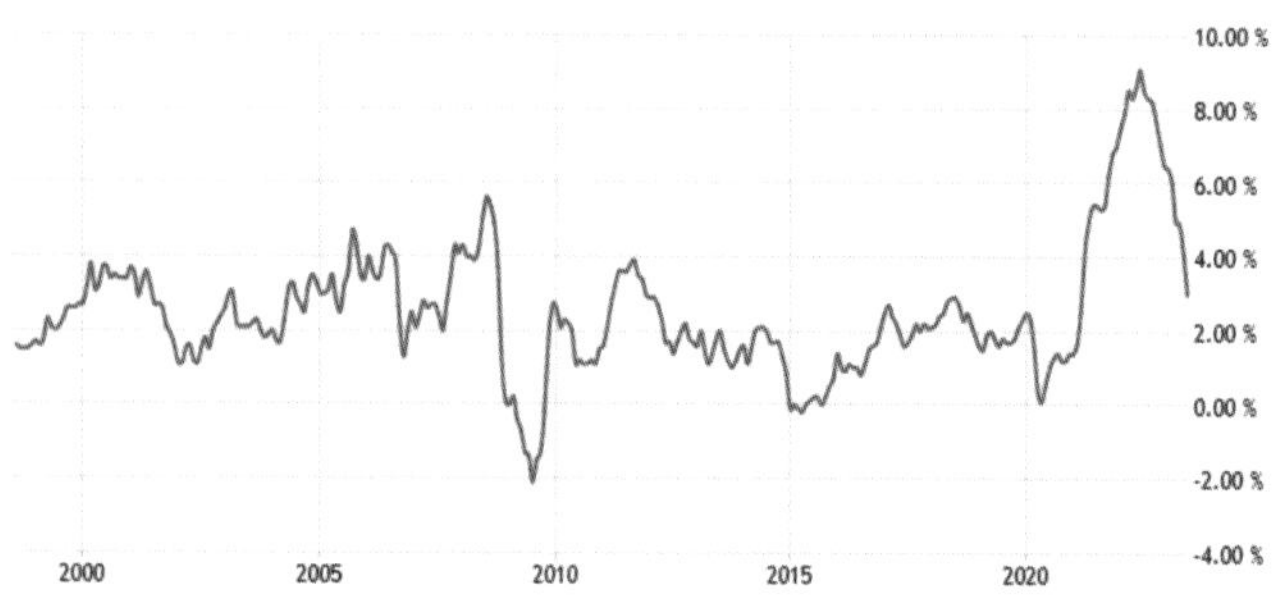

出典:TradingEconomics｜米国 - インフレ率

上がっているのでしょうか。簡単にお伝えすると、アメリカは資金が集まりやすい国だからです。

その理由を詳しく解説する前に、まずアメリカで長期的にインフレが起きた理由から解説しましょう。

アメリカで長期的にインフレが続く理由

インフレを表す指標に、「消費者物価指数」があります。消費者物価指数とは、英語でCPI（Consumer Price Index）と言われ、消費者がモノやサービスなどを購入したり利用したりした時の、物価の動きを表す統計的な指標です。消費者物価指数の変化により物価の動きが見られるので、インフレの進行度合いが分かります。この数値が高いほどインフレが進行しているとみなされ、画像の通り、こ

【S&P500 週足チャート】

出典:TradingView

こ20年間のアメリカの消費者物価指数は上がり続けています。

このようにインフレが緩やかに進行するとモノの値段が徐々に上がり、企業の業績が改善します。その結果、従業員の賃金が上がってさらに消費が加速する好循環が生まれます。

ではなぜアメリカではこのように安定的なインフレが進行したのでしょうか。その理由の1つは、中央銀行の政策目標にあります。

連邦準備制度理事会（FRB）は、物価安定と最大雇用を目指し、通常2％程度のインフレ率を目標として定め、金融政策で調整しています。

すなわち、FRBは景気が過熱していくと金利を引き上げ、世の中に出回るお金の量を減らすことでインフレを緩和し、景気が落ち込むと逆に金利を引き下げることで借入などお金を調達しやすくして消費を喚起し、結果的にインフレが起こ

【アメリカの消費者物価指数】

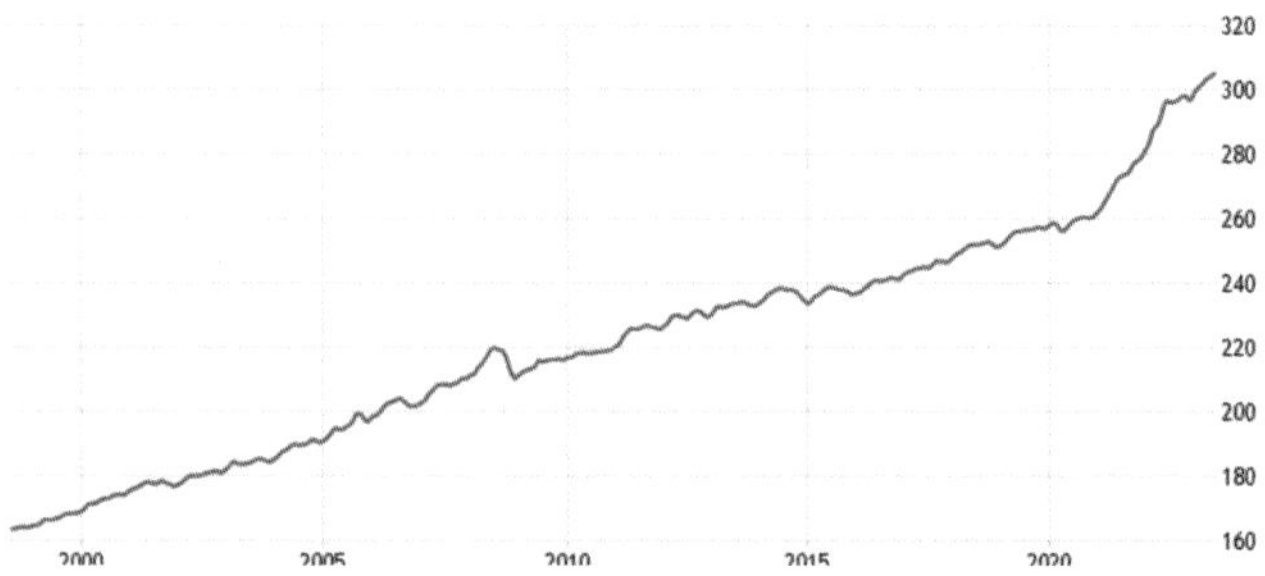

出典:TradingEconomics｜米国 - 消費者物価指数CPI

り景気を回復させる方向にもっていきます。

こうした努力により緩やかなインフレが実現し、物価の上昇も同じように緩やかになり、物価が安定したのです。このことで企業の収益や従業員の賃金もアップする好循環が得られ、経済発展が実現しました。

アメリカに資金が集まりやすい事実

アメリカでは長期的にインフレが起きていますが、米国株の上昇率はそれを超えることができます。その理由は、アメリカの株式市場には資金が集まりやすいからです。

アメリカでは金融教育が盛んです。例えば**アメリカ経済教育協議会（Council for Economic Education：CEE）**では、高校生に起業家教育を行い、地元の企業経営者が学校と協力しながら学生が起業について学べる環境を整えています。また、2003年に設立された**金融リテラシー教育委員会（Financial Literacy and Education Commission：FLEC）**は、アメリカ国民の金融リテラシー向上のために国家戦略を策定し、金融経済教育の充実に一役買っています。

このようにアメリカ国民は投資に対するハードルがとても低いと言えるのです。加えてアメリカには建国以来、開拓者精神に基づいて挑戦する人を賛美・応援する風土が備わっています。このことは、新たに事業を始める人に積極的に資金を投じている点からも分かります。

例えば、内閣府がまとめた基礎資料（2021年公開）によると、アメリカにおける2022年のベンチャーキャピタルへの投資額は16・7兆円、投資件数は1万2300件。一方で日本はそれぞれ0・15兆円、1200件と大きな差があります。

このように、アメリカには資金が集まりやすい環境が整っているのです。

●理由2 アメリカは給料が上がり続けている

米国株のリターンが大きいとされる理由には、アメリカ人の給料が上がり続け、購買力も上がっている点も挙げられます。

それに対して日本人の給料は1990年以降、ずっと横ばいなのです。「日本企業の成長は期待できないな」と考える人はアメリカ企業の株を買うので、この両者の差が投資にもあらわれています。

アメリカの労働市場は、労働者にとって非常に魅力的です。

下のグラフは、1995年から2022年までの日米における名目賃金（主に現金で支給された賃金）の上昇率の比較です。

1995年を基準にアメリカが2・5倍上昇したのに対し、日本はほぼ変化がありません。

アメリカで長期的に賃金が上昇し続けた理由も、前述した長期的なインフレの進行と、資金が集まりやすい点にあると考えられるでしょう。

【賃金上昇率（単位：%）】

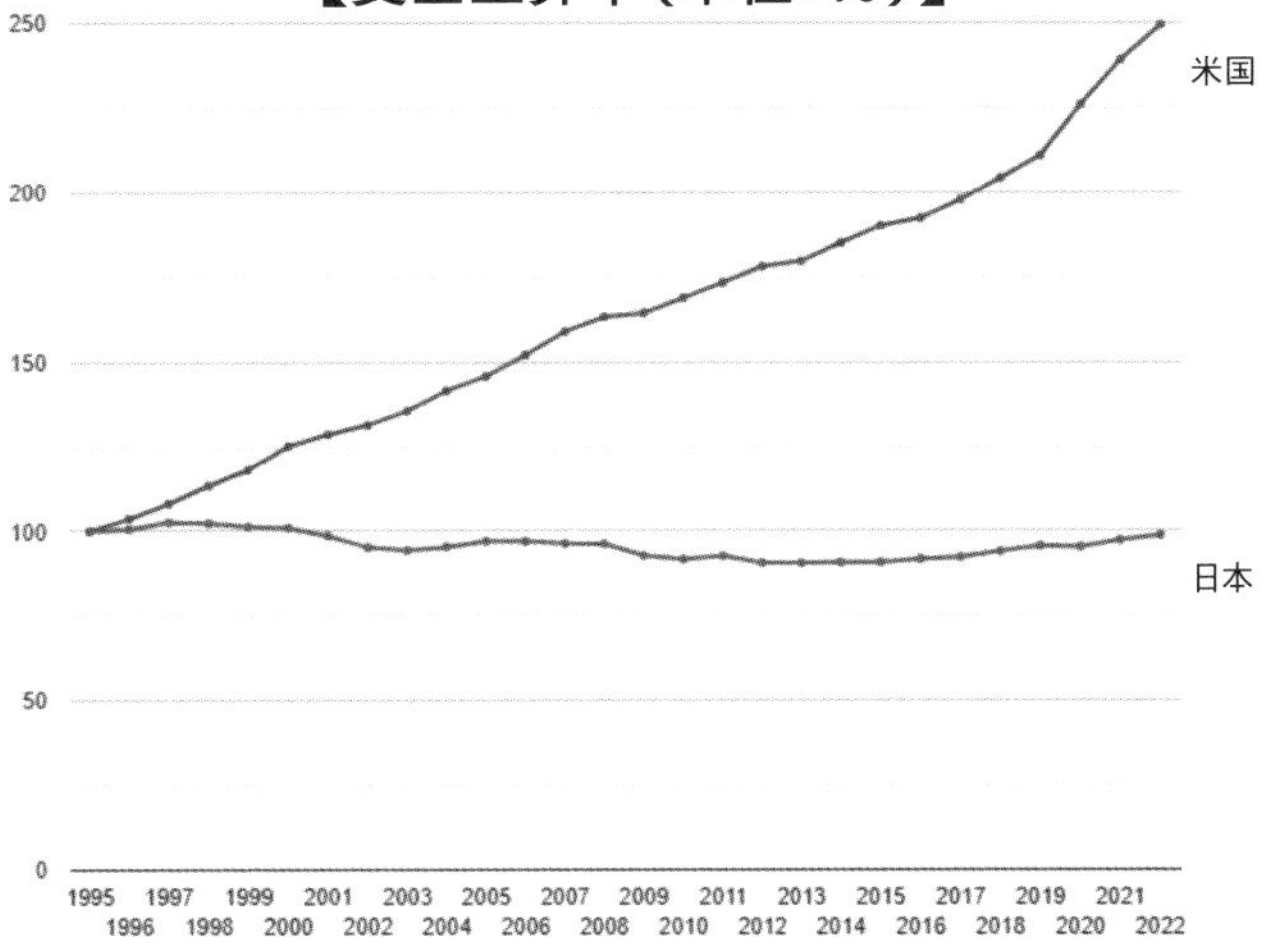

資料:GLOBAL NOTE　出典:OECD

日本はこの30年間、給料が上がっていない

現在会社員をしている方々の中で、「ここ数年で年収が増えた！」という方はそんなに多くないのではないでしょうか。

2022年まで日本はスーパーデフレ経済圏にありました。下の図は、1990年から2022年までの日本の消費者物価の上昇率です。ここ30年間の日本の消費者物価の上昇率は、年によって多少の変動はありますが、おおむね前年比0％前後でした。

このようなデフレに対し、日本銀行は**「異次元の金融緩和」**と呼ばれる金融政策を長期間にわたって進めていました。

【日本の消費者物価の上昇率（単位：％）】

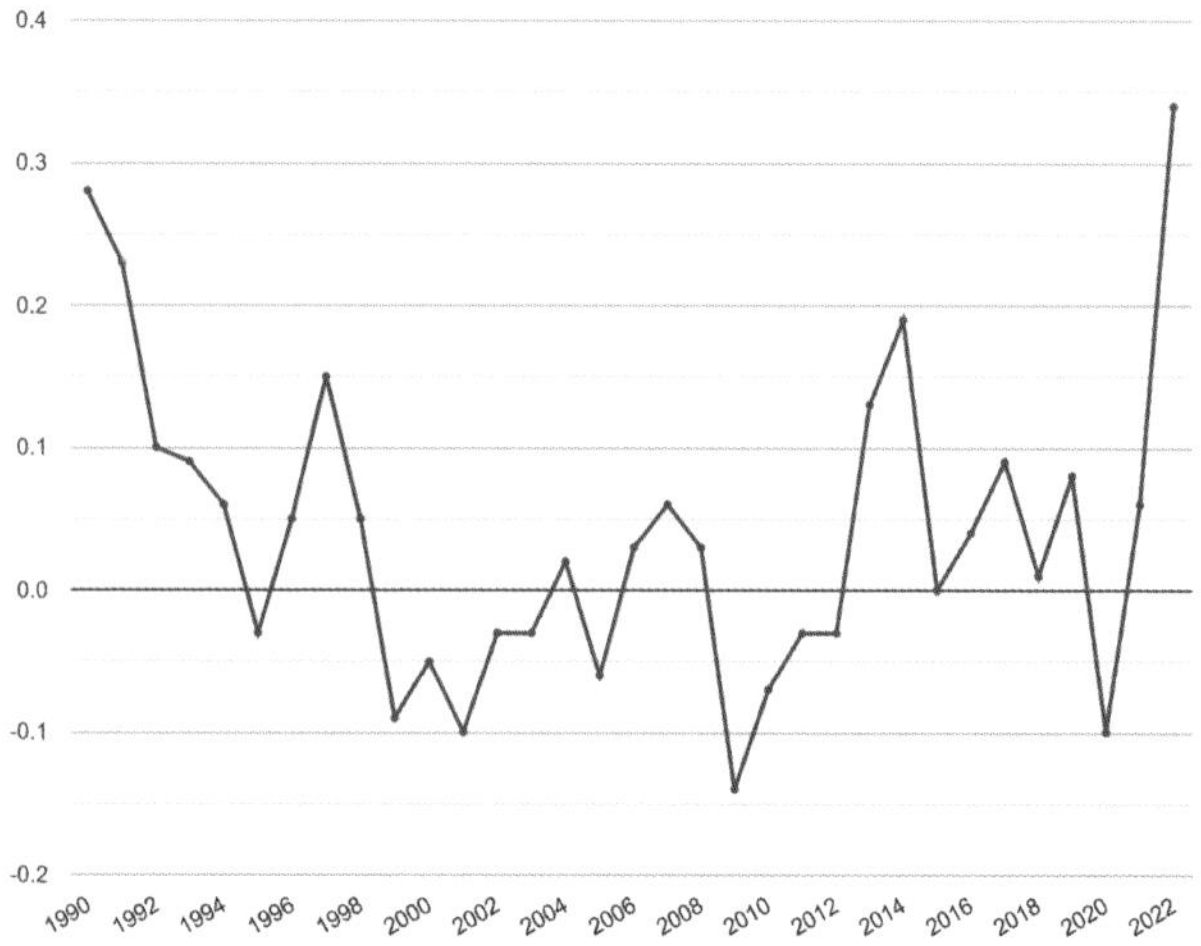

資料:GLOBAL NOTE　出典:OECD

具体的には、銀行が日銀の当座預金にお金を預けておくとマイナス金利が取られるようにすることで、手元に現金を置いておくのではなく外に貸出などを通して出し、人々の消費を喚起することで、デフレ経済からの脱却を目指しました。安倍晋三元首相の経済政策「アベノミクス」の第1の矢と位置づけられたもので、実際に不動産価格や株価などは上昇しましたが、消費者物価指数などにはほとんど影響がなく、デフレから脱却できないばかりか、むしろ貧富の差が拡大することにつながりました。

デフレが続くとモノの値段が上がらず、企業の業績も伸びないまま、従業員の賃金も上がらないという悪循環となり、その結果、経済的な成長が起こらないのです。かつて経済大国と呼ばれた日本が賃金の上がらない国になってしまったことを不思議に思う方もおられると思います。それに関して、主な原因とされるのが次の3つです。それぞれ詳しく解説していきます。

① バブル後の経済が停滞した
② 非正規雇用が増加した
③ 新興国の経済発展により日本のモノづくりの力が弱まった

①バブル後の経済が停滞した

バブル後の日本経済の停滞は、1990年代初頭から現在まで続いています。このように長期にわたる経済成長の低迷は企業の利益や生産性の向上を抑制し、賃金の上昇に影響を及ぼしました。特に、物価が上がらないデフレの長期化は企業の利益を圧迫し、投資の減少につながりました。そのことがまた消費者の購買力の低下につながり、負のスパイラルが継続しているのです。

②非正規雇用が増加した

2004年、小泉内閣は労働基準法の改正を施行しました。この法改正により非正規社員の規制が大幅に緩和され、派遣やパート社員が急増したのです。その結果、正規雇用者に比べて賃金が安い非正規雇用者が増加し、賃金の上昇にブレーキがかかりました。

非正規雇用が増加した根本的な原因は、日本の労働市場における労働力需要と供給の不均衡です。長期的な経済の停滞や人口減少により、企業は雇用を減らす傾向にあり、非正規雇用はコストを抑える手段として利用されてきました。

また、一部の業界では非正規雇用が常態化し、正規雇用の割合が低下していることも根深い原因となっています。この問題に対処するため、日本政府は非正規雇用労働者の待遇改善や働き方改革の推進、育児や介護などのワーク・ライフ・バランスの支援策などを行っています。中小企業への支援や新たな雇用創出策の導入なども行われていますが、賃金を上げるほどの十分な効果が出ていません。

③新興国の経済発展により日本のモノづくりの力が弱まった

グローバルな競争力の高まりにより、日本企業は世界的な競争にさらされています。よりコストパフォーマンスの高い商品を製造するため、人件費の安い海外に拠点を移す企業もありました。

その結果、日本の高い品質管理技術が海外に流出し、国内企業の空洞化が進行しました。技術の継承が困難になり、技術者の高齢化と相まって日本の技術力が目に見えて衰退してしまったのです。ただしその逆の側面もあり、ユニクロなどは日本で失われつつある繊維加工技術などを残すべくバングラデシュなどに工場を展開したといった面もありました。

しかしいずれにせよ、日本国内のモノづくりの拠点が海外に移っているという事実は変わりません。

●理由3 優秀な経営者はアメリカに集まっている

米国株の強さの一因には、優秀な経営者が集まっている点もあげられます。その大きな理由の1つが、アメリカ企業には優秀な経営者に高額の報酬を支払う特徴があることでしょう。

2022年の高額報酬ランキングを見ると、1位は世界的に有名な投資ファンド、Blackstoneのスティーブン・シュワルツマン氏で、なんと2億5312万ドルでした。

次いでGoogleの親会社であるAlphabetのサンダー・ピチャイ氏が2億2599万ドル、レンタカー会社であるHertz Global Holdingsのスティーブン・シャー氏が1億8214万ドルと続きます。

このようにアメリカの経営者は、事業を成功させると莫大な報酬を手にすることができます。

しかし日本人の中には「なぜアメリカの経営者の報酬がこんなに高いの?」と気になる方も多いでしょう。それにはいくつか理由があります。

主な理由として3点あげてみました。こちらも1つずつ解説します。

①アメリカ企業は多国籍で世界的に展開している
②時価総額に連動した報酬体系がある
③高額報酬をもらっても批判されにくい

①アメリカ企業は多国籍で世界的に展開している

アメリカの成功した企業は大規模で複雑な組織を持ち、世界的に展開しています。

例えばThe Trade Deskは、全米やアジア（シンガポール、上海、東京、台湾、ソウル、ジャカルタ）、ヨーロッパ（マドリード、パリ、ハンブルク）、シドニーに展開しています。

Appleも言うまでもなく世界中でiPhoneが浸透し、スマートフォンの代名詞になっていますね。

このような世界企業は、多様な文化や歴史、言語の壁を乗り越えて経営を進める必要があります。複雑性の高い組織を運営するため高い経営能力と専門知識が求められ、それに見合う報酬が提供されるのです。

②時価総額に連動した報酬体系がある

アメリカの経営者の賃金は、企業の業績に連動しています。

先ほど例に出したThe Trade Deskのジェフ・グリーン氏の場合、Value of Option Awardsというオプション報酬を受け取っています。

オプション報酬とは、企業が支払う報酬の形態であり、将来的に株式を購入する権利（オプション）を与えることです。

この報酬は、一定の条件や期間内において受給者（経営者もしくは従業員）がオプションを行使（株式を購入）できるので、株価が上がると報酬額が高くなります。

すなわち、株価を上げて時価総額を高めたり、業績を上げたりするのに成功した経営者が、多額の報酬を得られるシステムなのです。

③高額報酬をもらっても批判されにくい

日本でも同様のオプション制度を導入する会社がありますが、残念ながらアメリカほど規模の大きな成長企業は見当たりません。

なぜなら、日本特有の根深い問題として、高額報酬をもらう経営者は批判の的になるからです。

その代表例が「カルロス・ゴーン事件」でしょう。

日産自動車のカルロス・ゴーン元会長の年収は、２０１８年度の有価証券報告書によると

16億円強でした。当時のトヨタ自動車の日本人トップ豊田章男氏の年収が4億円にも満たなかったことから考えて、かなりの高額ですね。

しかしグローバルな視点で見ると、ゴーン元会長の受け取っていた報酬は、決して高すぎる金額ではありませんでした。結果としてゴーン元会長はさまざまな嫌疑をかけられ、レバノンに逃亡してしまいました。

これは極端な一例ですが、たとえ世界に優秀な経営者がいても高額な報酬で日本に来てもらうことは難しいのです。

このように、海外では高額な報酬を得ていても世間から批判されることがなく、経営に集中できるメリットがあるのです。

4つの米国株投資法を解説

「アメリカは日本よりお金も人も集まりやすい環境であるため、米国株はリターンを期待できる」

ここまで読んでくださったあなたには、まずはこの点を押さえていただければと思います。

日本人にとっては残念なことかもしれませんが、日本よりもアメリカの企業に投資した方が利益を出しやすいのが現実です。それでは米国株投資を開始するにはどうすれば良いのでしょうか。

ここでは株の基本的な投資手法を4つご紹介します。アメリカ以外の国の株式にも活用できる方法なので、ぜひ押さえておきましょう。

①インデックス投資とは

インデックス投資とは、特定の銘柄をピックアップして投資するのではなく、株式市場全体の

動きに連動する投資手法です。

この投資法では、特定の株式指数を追跡する「インデックスファンド」と呼ばれる投資信託（ETF：Exchange Traded Fundなど）に投資をして、市場全体の動きに連動するリターンを得ることを目指します。

例えば米国株であれば、GoogleやApple、Amazonなどの会社の株をそれぞれ買うのではなく、これらの会社を含めた数百社の株式を一度に少しずつ買うのです。

具体的なインデックス投資の例としては、**「Vanguard S&P500 ETF（VOO）」**があります。このETFは、**S&P500（アメリカの大型株500社を含む株式指数）**に連動して運用されており、これに投資することでS&P500に含まれる500社への投資を一度に行うことができます。

つまり、1つのETFを購入するだけで、500社の企業に対する投資を行ったことになります。

仮に1社だけに全資産を投資していた場合、その1社が倒産すればすべての資産を失ってしまいます。それに対して500社に資産を分ければ、そのうちの1社が倒産しても、ダメージは小さくなるのです。

こうした投資戦略は**「分散投資」**と呼ばれ、初心者にとっては取り扱いやすい手法と言えます。

インデックス投資の最大のメリットは、株式市場全体の平均的なリターンを得ることができる点です。そのためには「ドルコスト平均法」という投資法が有用となります。

ドルコスト平均法とは、一定の金額を定期的に投資し続ける方法です。この方法では、株価が高い時は少ない数の株式を、低い時は多くの株式を購入することになります。

例えば、企業Aの株式を毎月1万円分だけ買っていくとしましょう。企業の株価は日々変化するので、もし株が値上がりすれば、値下がりした時と比べて買える株数は減ります。

次のページの図をご覧ください。

この図のように、値動きに合わせて購入する株の数を調整し、継続して投資をしていきます。

【企業Aの株を毎月1万円ずつ購入するケース】

月	株価（円）	購入可能な株数
1月	1000	10
2月	800	12
3月	1200	8
4月	1500	6
5月	1100	9
6月	900	11
7月	950	10
8月	1250	8

こうした戦略は「長期投資」と呼ばれ、長い目で見れば株価の平均的な購入コストを下げることが可能になるのです。

ドルコスト平均法はインデックス投資と相性が良く、インデックス投資を行う際にはよく用いられる手法です。

一方で、インデックス投資のデメリットは、市場全体の下落にも連動して投資資金が減少するリスクがある点です。指数自体が下落すれば、その影響を受けてインデックスファンドの価格にも表れてしまいます。市場全体の下落による影響については、第6章で詳しく解説します。

②高配当（インカム）投資とは

高配当（インカム）投資とは、高い配当利回りを持つ銘柄に投資することを指します。配当とは、企業が利益の一部を株主に分配すること。高配当銘柄と呼ばれる株式を発行している企業は、他社と比べて、株主に還元する配当の割合が高い傾向にあるのです。

これらの銘柄を発行しているのは一般的に大手か、もしくは安定した業績をあげている企業が多く、定期的に配当を得ることで投資元本を増やせます。

高配当投資の最大のメリットは、定期的に配当を得られる点であり、市場が低迷している時でも収益を得られます。

中でも配当貴族株と呼ばれる株式に投資すれば、継続的な配当を期待できるでしょう。配当貴族株とは、長期にわたって毎年配当を増やしている企業の株式のことです。

配当貴族株には生活必需品、機械設備や材料を生産する資本財、ヘルスケア関連商品を販売している企業が多く、例えばエネルギー事業を展開するExxon Mobilや、医療機器・医薬品を生産しているJohnson & Johnson、そしてCoca-Cola（コカ・コーラ）などがあります。

特にCoca-Colaは、「投資の神様」と呼ばれるプロの投資家、ウォーレン・バフェット氏が保有する銘柄の代表格です。バフェット氏は1988年にCoca-Colaの株式を取得し、彼の投資会社であるBerkshire Hathawayのポートフォリオ（投資先の組み合わせ）にも組み込まれ続けています。最初に投資した金額とほぼ同額の配当金をCoca-Colaから毎年得ており、会社の成長に合わせて株価だけではなく、35年近くも配当金が増え続けているのです。

また、これらの銘柄は安定した業績を持つ大手企業であるケースが多いため、企業の成長とともに配当も増え、長期的には株価の上昇も期待できます。

デメリットは、企業の経営が悪化し配当が削減されるリスク、いわゆる無配・減配リスクが存在する点でしょう。

配当が削減されると、その分だけ収益が減少するだけでなく、投資家からの評価低下により株価が下落する可能性もあり、元本割れのリスクも伴います。さらに高配当銘柄には業績の成長が鈍化している企業も多いため、短期的な株価の大幅な上昇を期待するのは難しいと言えます。

下の表をご覧ください。

これはアメリカの株式市場に上場している銘柄と、2023年8月16日時点での予

アメリカ市場の上場銘柄の予想配当利回りランキングおよび株価の前日比

順位	銘柄名	予想配当利回り(%)	前日比
1	TORM A	26.2	-0.18%
2	エクイティ・コモンウェルス	22.61	-0.58%
3	ユーロナブ	15.88	-0.45%
4	AGNCインベストメント	14.87	-0.72%
5	メディカル・プロパティーズ・トラスト	14.67	-2.81%
6	レディ・キャピタル	14.59	-1.93%
7	FSKKRキャピタル	14.56	-1.13%
8	アライアンス・リソース・パートナーズ	14.03	-1.40%
9	フロントライン	13.48	+0.28%
10	アナリー・キャピタル・マネジメント	13.32	-0.56%

出典：日本経済新聞｜予想配当利回り
※2023年8月16日時点での情報です。

想配当利回りのランキングです。いずれも10％以上の利回りであり、1位の企業は26・2％でした。

なお、先ほどご紹介したCoca-Colaの配当利回りは2・65％（同年8月17日時点）ですので、このランキングに載っている銘柄の利回りが高めであると分かりますね。

下の図は1位の銘柄であるTORM Aの値動きのチャートですが、業績低迷により株価が下落しています。つまり株価が下落しているため配当利回りが高くなっており、そうした業績が低迷している銘柄は配当金が減る減配や配当がそもそもできなくなる無配となるケースも多々あります。

配当利回りが高すぎる銘柄にはこうした落とし穴があるので注意が必要です。

【TORM A　週足チャート】

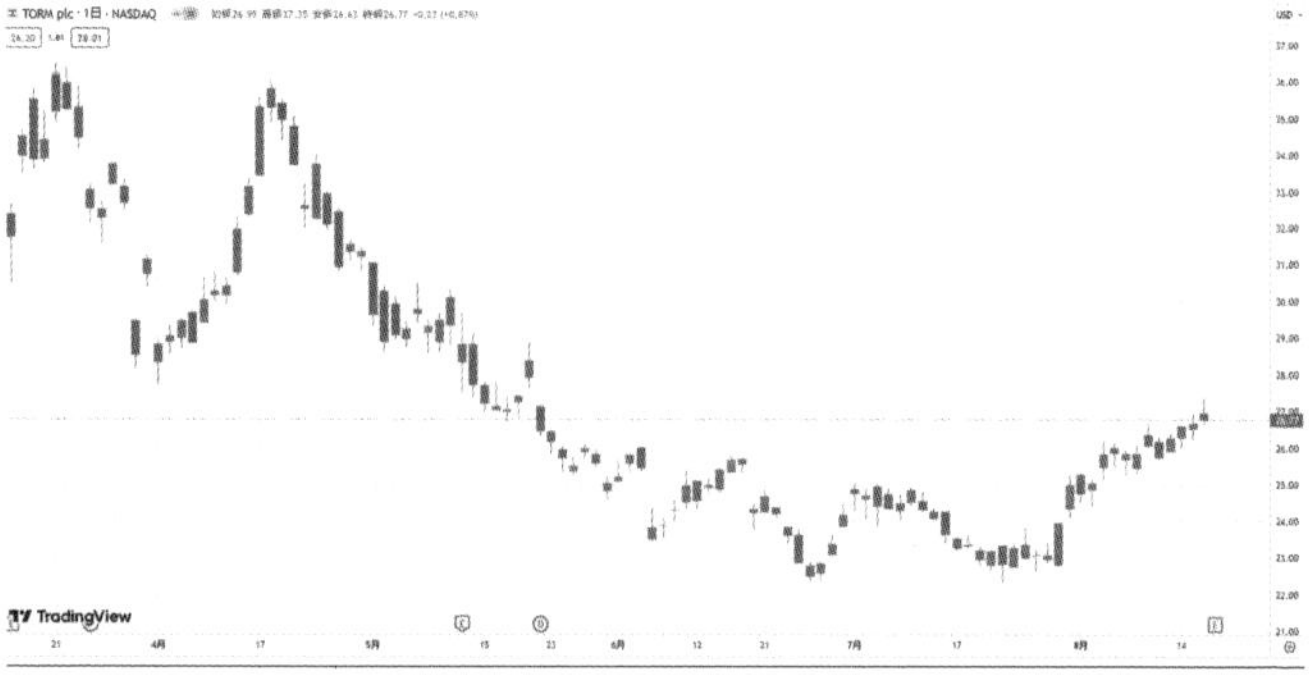

出典:TradingView

このように、高配当投資を行う際には、銘柄を見極める力が必要となります。

もし投資初心者が高配当投資に挑戦するなら、まずは長期間安定して配当を提供している企業（配当貴族株）から選ぶと良いでしょう。ただし経営環境の変化や新型コロナウイルス感染症のパンデミックのような予期せぬ事態により、減配や無配になるケースもありえるということは常に頭の片隅に置いておいてください。

③短期キャピタルゲイン投資とは

短期キャピタルゲイン投資とは、株式を安値で購入し、短期間で高値で売却することにより利益を得る投資方法です。

ここでいう「キャピタルゲイン」とは、投資対象となる資産の価格上昇から生じる利益を指し、それに対して先述した高配当投資などから得られる利益を「インカムゲイン」といいます。

短期キャピタルゲイン投資は、主に株式の購入時・売却時の価格差を利用した利益を追求します。市場の動向を見極めたり、企業の業績やニュースなどを注視したりして、株価が上昇すると予想されるタイミングで購入、そして値上がりしたら売却します。

短期キャピタルゲイン投資の最大のメリットは、短期間で大きな利益を得られる点です。

例えば、特定の企業が決算を通して好業績を発表し、その結果として株価が一時的に上昇する場合があります。投資家は企業の株が安価なうちに購入しておき、株価が上昇したタイミングで売却することで、短期間で大きなキャピタルゲインを得られるのです。

しかし、市場の動きを予測するのは難しく、また株価の変動は投資家の感情や世界情勢など、数多くの要因によって影響を受けるため、必ずしも思い通りにはいかないデメリットがあります。

企業が好業績の発表をしたとしても値上がりしないケースもありますし、値上がりした際にも適切なタイミングで売却する必要があります。

このように短期キャピタルゲイン投資は、市場の動きの予測や情報収集、そして適切な投資判断をするスキルが求められます。予想と異なる動きをした場合には大きな損失を出す可能性もあるので、注意しましょう。

④テンバガー投資とは

テンバガー投資とは、1つの銘柄が元の投資額の10倍になることを目指す投資スタイルを指します。つまり、購入価格の10倍以上に株価が上昇する銘柄を見つけ出し、それに投資することです。

インデックス投資が複数の会社の株に投資する「分散投資」であるのに対して、このテンバガー投資や先ほどの短期キャピタルゲイン投資は、特定の会社の株をピンポイントに狙う「集中投資」です。高リターンを求める投資法ですので、うまくいけば資産を増やせますが、その代わりリスクも大きいと言えます。

具体的な例としては、テクノロジー系のスタートアップ企業に投資を行い、その企業が急成長を遂げることで大きな利益を得るケースが挙げられます。

例えば、AmazonとAppleの株式を初期の段階で購入できていれば、その後の企業の急成長に伴って莫大な利益を得ていたでしょう。2003年7月、Amazonの株価は約2ドルで、Appleは約0・3ドルでした。それから20年後、2023年7月にはAmazonは約190ドル、Appleは約130ドルになり、Amazonだと95倍、Appleだと433倍になっており、持ち続けていれば大きく資産を増やすことができました。

この手法のリスクとしては、投資した企業が思うように成長しなかった場合、長い間株価が低迷し、その間資金効率が悪くなったり、株価が急落して大きく資産を減らしたりする可能性を含んでいるため、適宜、損を切っていく判断が求められます。

このようにテンバガー投資は時間がかかるため、ずっと保有し続けられないケースも多いのが現実です。

インデックス9割、テンバガー1割を目指そう

「米国株がスゴいのは分かったけど、どんな投資をすれば良いの？」

このように感じている**初心者に対して私がおすすめするのは、1つ目に紹介したインデックス投資です。**市場平均と同じ運用成績を目指すインデックス投資はリスクが低めですし、特にアメリカ市場なら今後も継続的に伸びていく見込みがあります。

つまり、分散投資と長期投資を同時に実施していくのです。

そしてインデックス投資に慣れてきたら、資産の一部で集中投資、すなわちテンバガー投資を始めてみると良いでしょう。

たしかにインデックス投資は含み益を増やしていきやすいですが、絶対に安全であるとは言えません。長い目で見ると一時的な暴落に遭う危険もあり、何より自身の引退のタイミングで暴落

してしまっていると大変ですので、どんな場面でも利益を出せるような手段を用意していくのがおすすめです。

加えて指数全体に投資していくだけの楽な方法である反面、投資スキルが上がりにくい点にも注意しましょう。テンバガー投資のように個別銘柄を自分の目で選定していくと、「今の経済がどうなっているのか」、「今後はどういうビジネスに需要があるのか」といったように経済全体や、それぞれの企業を研究する力が身に付きますので、投資家としてレベルアップできるでしょう。

もし自分が選んだ銘柄が10倍もの利益を出せば、インデックス投資をやるよりも効率的に資産を増やせます。とはいえ銘柄を見る目を鍛えるのは簡単ではありませんし、予想が外れることもあるので、注意しながら運用していく必要があります。

インデックス投資の強みやリスク、テンバガー銘柄の見つけ方については、次章以降で詳しくお伝えします。

最終的に投資に回せるお金のうち**9割をインデックス投資、残り1割をテンバガー投資という比率にしましょう。**もしあなたの投資資金が300万円なら、270万円をドルコスト平均法に則って少しずつインデックス銘柄の購入に使い、30万円をテンバガー銘柄の購入に使うのです。

資産のほとんどをインデックス投資にしておけば、リスクを抑えつつ地道に資産を築いていけます。さらにテンバガー銘柄の購入に使う資産の割合を1割だけにしておけば、銘柄選びに失敗したとしても少ないダメージで済みますし、うまくいけばテンバガー銘柄用の投資資産を10倍、場合によってはそれ以上にできます。銘柄選定に慣れてきて利益を出す「自信」が出てきたら、テンバガーに回す資金比率を上げるのも1つの手です。

第5章

インデックス投資の強さ

800万ドルの資産を築いた
ガソリンスタンド店員 ロナルド・リード氏

あなたは「ロナルド・リード」という名前をご存じでしょうか。米国株について学んだことがあれば、聞いたことのある名前ではないかと思います。彼は有名な起業家でも投資家でもありません。普通のガソリンスタンドの店員（後に百貨店の清掃員）でした。

けれども彼が亡くなった時、資産が800万ドル（今の価値で約12億円）もあったのです。なぜ、アメリカのガソリンスタンドの店員が800万ドルもの財産を築くことができたのでしょうか。

リード氏は1921年、アメリカのバーモント州に生まれました。家が大変貧しく、家族の中で高校を卒業したのは彼だけでした。彼は高校卒業後、軍隊で5年間働き、第二次世界大戦に従軍。退役後はガソリンスタンドに25年間勤め、定年後に百貨店で清掃員として17年間パートタイムで働いています。38歳の時に小さな家を買い、妻と慎ましやかに暮らしていました。趣味は「切手やコイン収集、そしてドライブ」だったそうです。

そんなどこにでもいそうな彼が37歳の時、病院の開発部長と出会い、投資をすすめられました。それから図書館に通いながら熱心に勉強し、小さな金額で少しずつ株を購入していったそうです。そして92歳で亡くなった時には、資産額として当時の評価額で800万ドルになっていました。

特筆すべきはその投資手法です。リード氏は37歳から92歳までの55年間に金融、日用品、電気通信、電気機器、医療、鉄道、公共事業などの優良銘柄を中心に95銘柄をコツコツ買い進めていました。

さらに資産が膨らむ手法として**「配当再投資」**を利用していたのです。配当再投資とは配当金を自動的にその会社の株に再投資する手法で、DRIP（Dividend Reinvestment Plan）と言います。日本にはこの仕組みはなく、あまり馴染みがありませんが、毎年少しずつ株数が増えるので長期的に保有すれば株価と株数が同時に累増し、資産が相乗的に増加するのです。

リード氏が当初から狙っていたかどうかは不明ですが、第4章でもお伝えした「長期投資」と「分散投資」を巧みに組み合わせた手法を取っていたことになります。

さらに95銘柄も保有していることから、中には55年の間に10倍以上値が上がったテンバガー銘柄も含まれていたに違いありません。今でいうベンチャー企業のような高リスク株への投資はせず、既存の技術を使って着実にビジネスを展開する優良企業株だけに投資することで大成功を収めたのです。

・米国株のインデックスファンドは20年単位で見ると負けていない

リード氏の多くの銘柄に分散する投資スタイルから、

【ロナルド・リード氏の保有銘柄の一部】

銘柄名	業種
The Procter & Gamble	日用品
Colgate-Palmolive	日用品
Johnson & Johnson	ヘルスケア
AT&T	電気通信
Bank of America	金融
JPMorgan Chase	金融
American Express	金融
General Electric	電気機器

多くの銘柄に分散投資することが効果的であることが分かりますね。そのため、彼の手法を再現するならインデックスファンドを購入するのが良さそうです。

インデックス投資ができる銘柄といえば、全世界の株を対象に投資を行う全世界ファンド**「eMAXIS Slim全世界株式（オール・カントリー）」**やアメリカのＳ＆Ｐ５００に連動したファンド**「eMAXIS Slim米国株式S&P500」**などが有名です。

これらの銘柄は市場全体のリターンに追随するため、長期的な投資で比較的安定した成果を期待できます。例えばｅＭＡＸＩＳ Ｓｌｉｍ米国株式Ｓ＆Ｐ５００の場合、数十年に一度の暴落局面があるものの20年のスパンで保有すれば、利益が得られることが過去の傾向から分かります（下図）。

【S&P500 週足チャート】

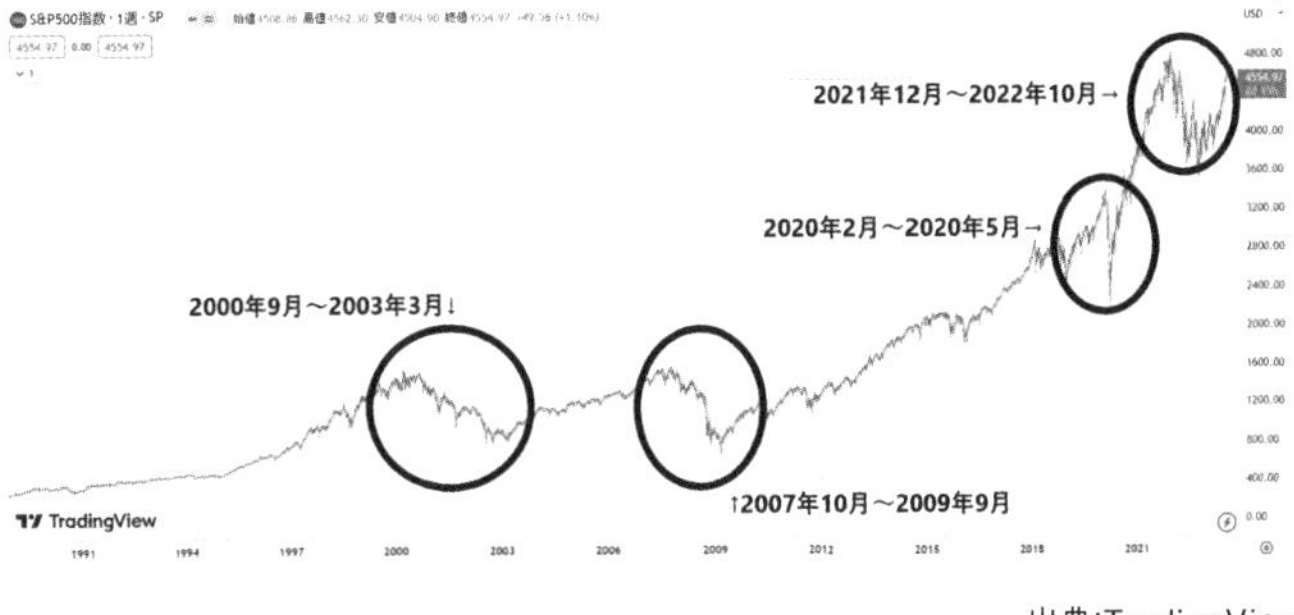

出典:TradingView

もちろんインデックスファンドもずっと上がり続けているわけではありません。チャートを確認すると、一時的に下落しているのが分かります。一時的といっても2000年、2007年の下落は価格が上向きになるまで2年以上かかっていますので、その直前にインデックス投資を開始した方は、下落期間中に不安を感じていたはずです。ですがそれ以降からの値動き全体を見れば右肩上がりのチャートですので、投資をやめずに続けていれば、むしろ下がっている時に多く買えていたことになってインデックスファンドの平均取得単価が下がり、値を戻した際には含み益を大きくすることができたでしょう。

それでは、なぜアメリカのインデックスファンドはこれほど値上がりしているのでしょうか。

その理由は、一部の銘柄の価格上昇が激しいため。

S&P500に含まれている銘柄は数多くありますが、実を言うと、指数全体の値上がりに大きく貢献しているのは、全体の7%を占める銘柄だけなのです。

左ページの図表はS&P500の構成銘柄です。

ここに挙がっているのは、いずれも時価総額トップクラスの銘柄ばかりであり、これらが全体

【S&P500構成銘柄一覧(2023年5月時点)】

No.	銘柄	業種	構成比(%)
1	Apple	コンピュータ・通信機	7.55
2	Microsoft	ソフトウェア	7
3	Alphabet C	インターネット	3.93
4	Amazon	情報サービス	3.08
5	NVIDIA	電子機器・部品	2.67
6	Berkshire Hathaway	投資会社	1.66
7	Tesla	自動車	1.57
8	United Health Group	医療サービス	1.3
9	Exxon Mobil	エネルギー	1.21

出典:TradingView

の底上げに影響を及ぼしています。

とはいえ、2020年もS&P500の値上がりに大きく貢献したのはAmazonだけでしたので、それぞれの企業が単体で相場を動かす力を持っています。

そんな企業の株式を一度に大量に入手できるのが、インデックスファンドなのです。

たしかに個別の銘柄を分析し、じっくり投資先を探すのも勉強になりますが、投資を始めたての頃は、こうした米国株の指数に連動したインデックスファンドを利用するのが、無難な資産運用方法と言えるでしょう。

・分散を意識して長期運用することが大切

先述したロナルド・リード氏は優良銘柄を選定して、それをコツコツと買い増していくことで資産を増やしました。このことから、将来値上がりを期待できる銘柄を多く見つけ、ドルコスト平均法で投資していくのが良さそうですね。

とはいっても、誰でもリード氏のように自分で銘柄を選べるとは限りません。リード氏でさえ、最初は熱心に投資の勉強をして、大きな結果を出すまでには時間がかかったのです。

だからこそ私は初心者に対してインデックス投資を長期的に運用することをすすめています。この方法なら、銘柄選びに時間を取られることなく、分散を意識したポートフォリオを組めるのです。

・銘柄を選ぶのは難しい

短期キャピタルゲイン投資や、後にご紹介するテンバガー投資でも銘柄の選定は必須ですが、投資に関する知識がなければ難易度は高めです。

銘柄選定の難しさのポイントは**「財務分析の難しさ」**、**「市場環境の変動」**、**「業界分析の困難さ」**の3点です。

1つ目の財務分析とは、企業から年4回公開される決算短信や有価証券報告書、さらには株主総会などで使用される決算説明会資料などを正確に分析することです。財務分析の難しさは、これらの書類に記載されている損益計算書、バランスシート、キャッシュフローの読み込みに一定の知識とスキルが求められる点にあります。

財務分析が難なくできるスキルと知識があれば、企業内部のお金の流れをつかむことができ、その企業の健康状態や将来性を予測できます。高い専門性とスキルが求められる財務分析ですが、このリテラシーを持つ投資家は的確に投資の判断を行うことができるのです。

2つ目の市場環境の変動も、銘柄選定を難しくする要因です。なぜなら市場環境が変動する原因が、人知を超えた突発的事項から派生するケースもあるからです。

例えば、2022年に発生したロシア・ウクライナの戦争は、食料やエネルギー価格を中心とした商品市況価格の高騰を引き起こし、関連する業界にネガティブな影響を与えています。

このように戦争や災害は、経済環境に大きな影響を与えることがあります。

他にも、新たな技術の開発により古い産業が廃れていくことも市場環境の変化です。

レコード針、フロッピーディスク、CD、固定電話機など、市場から消えていった、あるいは消えつつある商品も多くあります。もしかしたらガソリン自動車も数十年後にはなくなっているかもしれません。このような事態は意外に当時の人々は予想できなかったことなのです。

突発的な出来事や時代の緩やかな変化に追従することは簡単にはいきません。

3つ目の業界分析とは、個別銘柄が属する業界の分析です。具体的には企業が事業を展開する領域（医療、食品、IT、小売、エネルギー、自動車、半導体、環境分野など）を分析し、個別銘柄の選定を行うことです。

例えば「GAFA」といわれる4社、Google、Apple、Facebook（現Meta）やAmazonをポートフォリオに組み込んだファンドは高い収益を実現しました。それに続いてMT SAAS（Microsoft、Twilio、Shopify、Amazon、Adobe、Salesforce）といわれる個別銘柄も、IT業界では注目を集めています。

それに対して、かつてよく耳にした環境分野はESGという概念の広がりとともに注目されてきました。しかしESGファンドは、ダウ平均株価などと連動したアメリカETF（Exchange Traded Fund）と比較しても大きくオーバーパフォームしていません。このように、業界の動きを分析することはとても難しいのです。

したがって初心者はいきなり個別株から開始するのではなく、アメリカのインデックスファンドに投資する戦略を取るのが良いのです。

・どんなインデックスファンドがあるのか

私が推奨しているのはアメリカのインデックスファンドであり、それを長期的に投資し続けることが基本的な戦略だとお伝えしてきました。ロナルド・リード氏の手法も、この戦略に近いものでしたね。それでは株価指数以外には、どのような指数があるのでしょうか。一般的なインデックスの例としては、債券指数や商品先物指数、不動産指数などがあります。

インデックスファンドの投資対象は、株式、債券、不動産と多岐にわたります。例えば、日経平均株価に連動する銘柄は、日本経済新聞社が選定した東京証券取引所プライムに上場する225社が

【一般的なインデックスの例】

株価指数	S&P500 （アメリカの主要な500銘柄を対象とする株価指数） 日経225 （日本の主要な225銘柄を対象とする株価指数） FTSE 100 （イギリスの主要な100銘柄を対象とする株価指数）
債券指数	Bloomberg Barclays Global Aggregate Bond Index （世界の債券市場を代表する総合債券指数） J.P. Morgan Emerging Market Bond Index （新興国の債券市場を代表する指数）
商品先物指数	CRB Commodity Index （一般的な商品価格の動向を示す指数） S&P GSCI （主要な商品先物市場の価格変動を反映する指数）
不動産指数	FTSE EPRA/NAREIT Global Real Estate Index （世界の不動産投資市場を代表する指数） S&P/Case-Shiller Home Price Index （アメリカの住宅市場の価格変動を示す指数）

投資対象です。

同様にアメリカダウ平均株価に連動するインデックスファンドであれば、アメリカの金融会社S&P Dow Jones Indicesにより選出された30社が投資対象です。

また、全世界の市場から銘柄を厳選してポートフォリオに組み込むファンドもあります。三菱UFJ国際投信が手掛けているeMAXIS Slim全世界株式（オール・カントリー）は、23ヶ国から選定された銘柄がポートフォリオに組み込まれています。

それぞれの銘柄は指数に連動することを目指して運用されるので、ポートフォリオは、対象の指数の構成や比重に合わせて選ばれます。各指数のパフォーマンスを反映するようになっていますから、投資家は指数の動きを期待して投資を行うことができます。

・流行りの銘柄は危険？ インデックスファンド選びの注意点

インデックスファンドへの投資はリスク分散にもつながり、指数全体へ投資できる利点がありますが、どの銘柄でも良いわけではありません。

特に、一時の流行に乗っかった「テーマファンド」は避けた方が良いでしょう。テーマファンドとは、その時代のホットな話題に絡めて急に注目されたインデックスファンドです。その対象は環境関係やバイオ、ＩＴなどが挙げられます。

例えば、環境で言えばSDGs（Sustainable Development Goals）が代表的な例です。ＳＤＧｓとは、２０１５年の国連サミットで採択された「持続可能な開発のための2030アジェンダ」に記載された目標です。２０３０年までに持続可能でより良い世界を目指すことが謳われたため、太陽光発電やＳＤＧｓ目標の達成に熱心な企業がポートフォリオに組み込まれました。金融庁のデータによると、販売額の多い投資信託におけるＥＳＧ投信の割合は14％もあり、売れ筋上位のファンドになっています。

しかし、結局ＳＤＧｓの取り組みは、企業業績に対してどのくらいポジティブな結果につながるか、まだ歴史的な検証が終わっていません。したがって、他のファンドと比較して卓越した成績を収めているとは言い切れないのです。

その他、具体的に注意すべきテーマには、AI、自動運転、五輪、フィンテック、5G、ロボットなどがあり、多くのファンドが発売されています。

そもそもテーマファンドとは、テレビやネットなどで耳にする機会が多く、キャッチーなワードが使われるため、人々に魅力的に聞こえます。特にテーマファンドの発売初期は「今買わなければ乗り遅れる」といった人の行動心理も作用して値が高騰しやすく、高値掴みしがちです。

残念ながら中長期的に見れば、このようなテーマファンドは高騰後に値が下がることも多く、ハイリスクな投資先といえます。初心者こそ冷静になって、まだ評価が定まっていない新しいテーマのファンドに飛びつくのではなく、実績と歴史のあるものから始めるのが賢明でしょう。

この先、年金制度もどうなるかは誰にも分からない

ここまでインデックスファンドを中心に長期投資することが将来的にも安心な資産形成になることを解説してきました。しかし日本を見ていると、危機感を持って資産を築き上げようとしている方は多くないように思えます。

「日本には年金制度があり、最低限の生活は保障されるでしょう?」

そう考える方も多いのではないでしょうか。そこで、ここでは日本の年金制度について見ていき、その持続性について再確認してみましょう。

厚生労働省のパンフレット「年金制度のポイント2022年度版」によると、年金制度について次のように説明されています。

年金制度とは、高齢期に達するなど要件を満たした方に、定期的に一定の金額を給付する仕組みのことです。制度の性格によって、国民に加入義務があり、国が運営する「公的年金」と、個人や企業の選択で加入する「私的年金」に分かれます。

生きていく上でさまざまなリスク(長生きリスク、財産を失うリスク、障害を負うリスク、家計を支える人が死亡するリスクなど)が現実になると、生活が困窮するばかりか生きる望みさえ絶たれてしまいます。そこで現役の時から保険料を納めることで必要な時に給付を受ける仕組みが、年金制度なのです。

今回は、規模が大きくすべての国民に関係する「公的年金」に着目して解説します。

・公的年金制度について

公的年金制度とは、現役の世代(20歳以上から60歳未満)が支払う保険料を一旦国が預かり、税金などを加えた財源から65歳以上の世代に年金として給付に充てる制度です。自営業者や学生などが加入する国民年金と、会社員や公務員等が加入する厚生年金があり、厚生年金には国民年金部分も含まれる「2階建て」の設計になっています。

また、企業によっては、自社の社員に確定拠出年金などの私的年金（後述）を加えた「3階部分」まで保障を提供しているところもあります。

・公的年金制度の歴史と現状

公的年金制度の原型は、1942（昭和17）年に創設された労働者年金保険制度が始まりです。その後、幾度も改正がなされ、1985（昭和60）年には今でいう基礎年金や第3号被保険者（いわゆる扶養制度）などが導入され、現在の形が出来上がりました。そして超高齢化社会に突入した現在、現役世

【年金制度の仕組み】

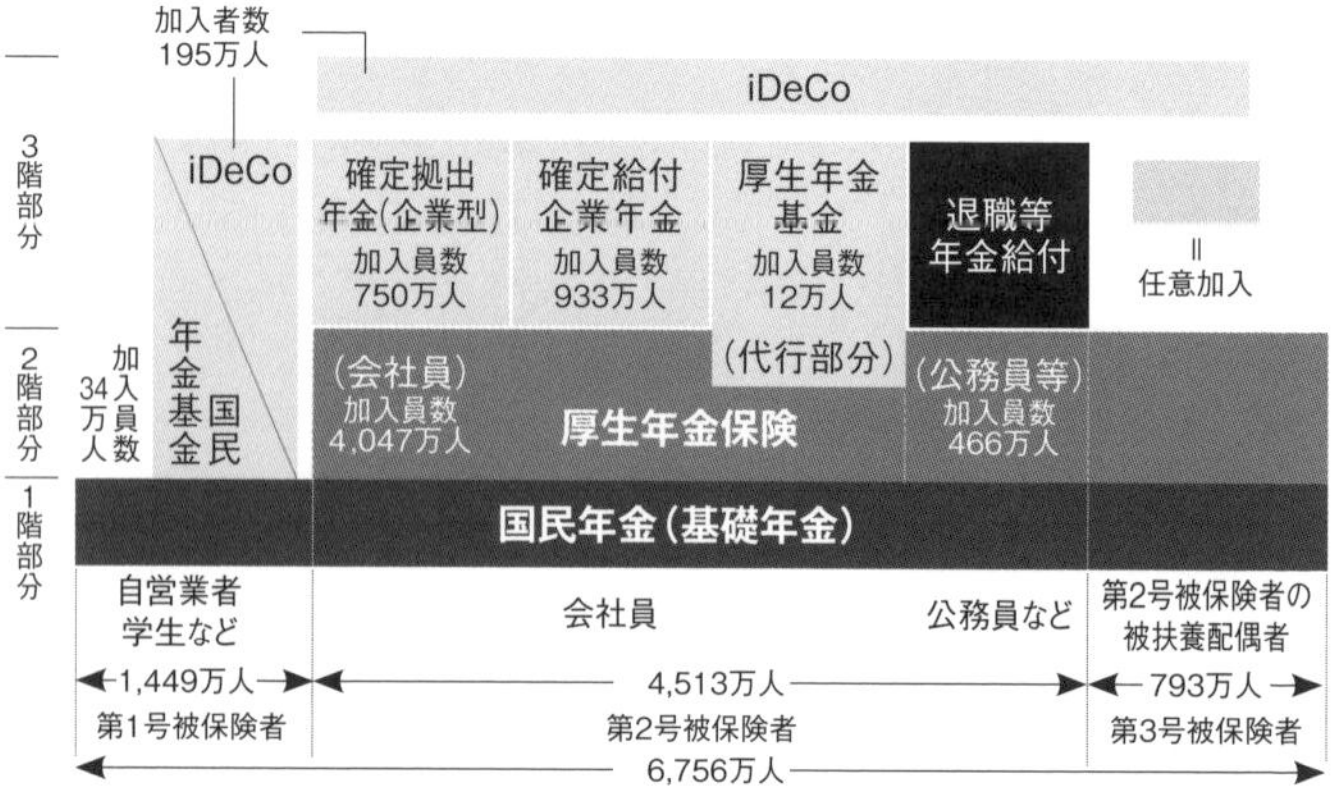

（数値は2021年3月末時点）

出典:厚生労働省｜ライフコース別にみた公的年金の保障

代の保険料ですべての高齢者に満足な保障を行うことが厳しくなってきています。

2023年版の「高齢社会白書」によると、1950(昭和25)年には65歳以上の方1人に対して、15～64歳の方が12・1人いました。ところが2022年には、65歳以上の方1人に対し2・0人になっています。

このまま少子高齢化が進行すると、65歳以上の方1人を支えるために15～64歳の方が1・3人で支えないと成り立たない事態になると言われています(2070年)。そこで1994年、2000年に年金制度の大幅な改正が行われ、受給年齢を段階的に引き上げたり、年金支給額を減額したりしなくてはならなくなったのです。

次のページの図をご覧ください。2010年度から2011年度、2013年9月から10月、2021年度から2022年度など、減額されている年があるのが分かりますね。

年金支給額が変動するのは、年金制度を成り立たせるために、物価や現役世代の賃金の動きに合わせて毎年国が調整しているためです。

もう1つの懸念事項として年金の財源があります。年金の財源は主に3つあり、「国民から集められた年金保険料収入」、「税金」、「積立金」です。

もし、このまま高齢化が進行し現役世代からの保険料収入が不足すると、積立金からの補充が増加します。国民が不安に思う財源への懸念はこの積立金の枯渇でしょう。

積立金の運用は、年金積立金管理運用独立行政法人が行っており、運用資産額は196兆5926億円です（2021年度）。

2001年の運用開始以来累

【年金額の推移（国民年金）】

	老齢基礎年金	障害基礎年金（1級）	障害基礎年金（2級）	遺族基礎年金（子1人）
2004（H16）年度	66,208円	82,758円	66,208円	85,258円
2005（H17）年度	66,208円	82,758円	66,208円	85,258円
2006（H18）年度	66,008円	82,508円	66,008円	85,000円
2007（H19）年度	66,008円	82,508円	66,008円	85,000円
2008（H20）年度	66,008円	82,508円	66,008円	85,000円
2009（H21）年度	66,008円	82,508円	66,008円	85,000円
2010（H22）年度	66,008円	82,508円	66,008円	85,000円
2011（H23）年度	65,741円	82,175円	65,741円	84,658円
2012（H24）年度	65,541円	81,925円	65,541円	84,400円
2013（H25）年4月～9月	65,541円	81,925円	65,541円	84,400円
2013（H25）年10月～2014（H26）年3月	64,875円	81,091円	64,875円	83,541円
2014（H26）年度	64,400円	80,500円	64,400円	82,933円
2015（H27）年度	65,008円	81,258円	65,000円	83,716円
2016（H28）年度	65,008円	81,260円	65,000円	83,716円
2017（H29）年度	64,941円	81,177円	64,941円	83,633円
2018（H30）年度	64,941円	81,177円	64,941円	83,633円
2019（R元）年度	65,008円	81,260円	65,008円	83,716円
2020（R2）年度	65,141円	81,427円	65,141円	83,882円
2021（R3）年度	65,075円	81,343円	65,075円	83,800円
2022（R4）年度	64,816円	81,020円	64,816円	83,466円

出典:令和4年版厚生労働白書　資料編

【運用積立金の投資構成割合】

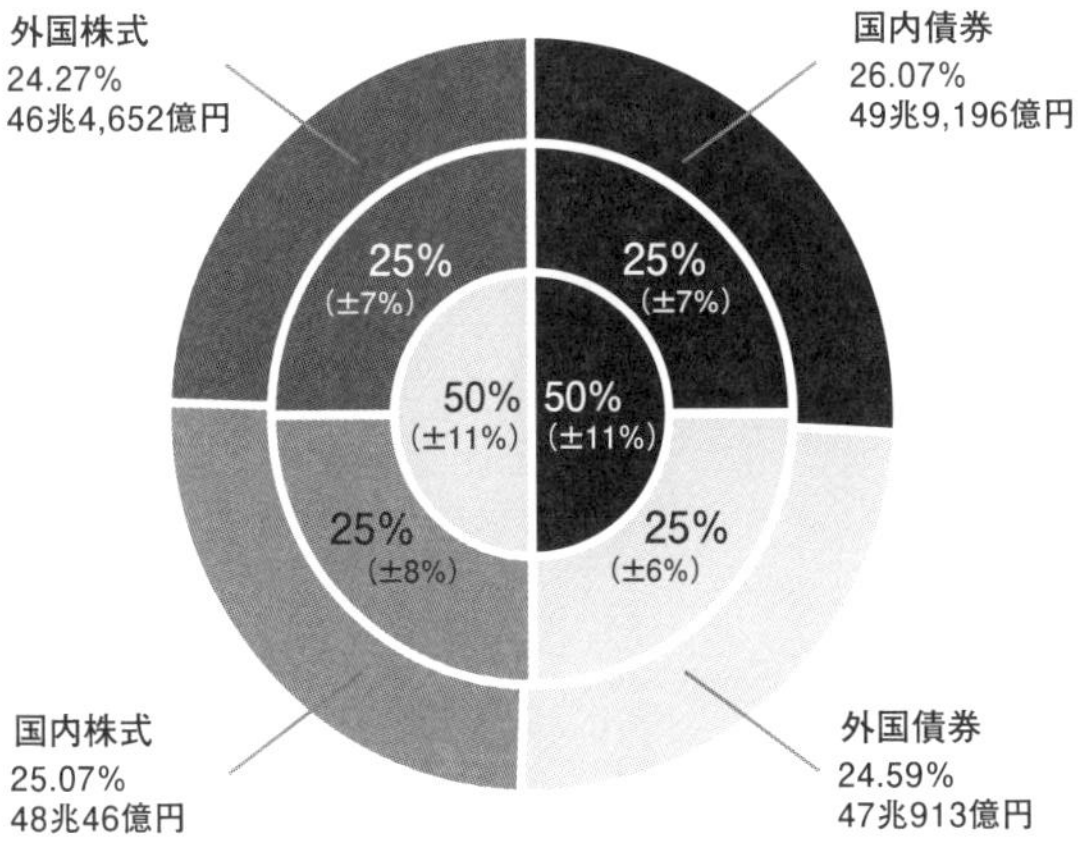
外国株式
24.27%
46兆4,652億円
国内債券
26.07%
49兆9,196億円
国内株式
25.07%
48兆46億円
外国債券
24.59%
47兆913億円
25%
（±7%）
25%
（±7%）
50%
（±11%）
50%
（±11%）
25%
（±8%）
25%
（±6%）

内側:基本ポートフォリオ（カッコ内は乖離許容幅）
外側:2022年12月末

積105兆4288億円の収益を得ており、今のところは良好な運用成績と言えるでしょう。運用積立金の投資構成割合は上の図の通りです。

投資構成割合を見ると、国内外の債券のように比較的ローリスクな投資先もありますが、株式も50％程度組み込まれており、全体として中程度のリスクにバランスされています。

しかし、世界恐慌並みの暴落局面に遭遇した時には、株式を中心に一気に積立金が減少してなくなるケースもないとは言い切れません。

年金制度があるからといっても、豊かな老後の生活が保障されているわけではないということをしっかり頭に入れておくことが重要です。

ｉＤｅＣｏ、ＮＩＳＡを利用して税負担を軽減させる

インデックス投資が長期的には「無難な勝ち筋」であり、投資のプロも用いている手段であることをこの章でお伝えしてきました。インデックスファンドは多くの証券会社で購入できるので、証券口座を作り、入金さえすればすぐに投資を始められます。

ですが、即座にインデックス投資を始める前に、私からおすすめしたいものがあります。

それは「ｉＤｅＣｏ（イデコ）」と「ＮＩＳＡ（ニーサ）」を利用することです。

ｉＤｅＣｏ（個人型確定拠出年金）とＮＩＳＡ（少額投資非課税制度）は、税負担を軽減する方法として利用できます。ただインデックスファンドを購入するよりも、長期的に見れば手元に残るお金を増やせるのです。

この2つの制度は特徴と利用のシーンが異なり、自身のライフスタイルや投資目的に合わせて活用していくのが良いでしょう。

第5章の最後にiDeCoとNISAの概要と、2つの使い分けについて解説します。

・iDeCo（個人型確定拠出年金）とは

iDeCoは、「個人型確定拠出年金」のことで、年金を自分で準備・管理する制度の1つです。

「確定拠出年金」とは、自分が定めた金額を定期的に積み立てて、その金額を運用（増やすこと）して老後の生活費にするシステム。それを個人で行うのが個人型確定拠出年金、つまりiDeCoです。

この制度の強みは、毎月の掛け金を所得から控除できる点です。例えば毎月iDeCoの掛け金を1万円、年間で12万円に設定しておくと、その12万円分だけ税負担を軽減できます。

iDeCoの対象者は原則的に65歳未満の国民年金被保険者で、誰でも加入できます。

ただし、入金したお金は原則として60歳まで引き出すことができないので、「急にお金が必要になったので、これまでの掛け金を全て手元に戻したい！」と思っても、銀行預金のように降ろすことはできません。

また、その間に入金したお金は定期預金や保険、投資信託、債券などで運用できます。運用で発生した含み益は、60歳以降に元本と一緒に受け取れますし、その利益も非課税です。

投資に回すお金を少しずつ増やしていくのと同時に、節税も可能になるので、一石二鳥ですね。

ｉＤｅＣｏに加入するには、ｉＤｅＣｏを取り扱っている金融機関等で加入手続きを行います。運営管理機関ごとに運用商品や手数料が異なるので、自分に合った選択をすることが重要です。

・ＮＩＳＡ（少額投資非課税制度）とは

ＮＩＳＡ（少額投資非課税制度）とは金融庁が導入した制度で、投資家が一定の範囲内で行う投資に対する利益が非課税となる制度です。２０２３年時点では、この制度は、一般ＮＩＳＡ、つみたてNISA、そしてジュニアNISAの3つの形態が存在します。

①一般NISA

投資者は年間120万円までの投資を行うことができ、その利益は5年間非課税となります。

②つみたてNISA

一般的なNISAと同様に投資の利益が非課税となる制度ですが、年間の投資上限額は40万円で、非課税期間は20年間です。

③ジュニアNISA

18歳未満の未成年者を対象とした制度で、年間80万円までの投資が可能で、非課税期間は5年間となっています。

それぞれのNISA制度は、一定の範囲内の投資で得た利益を非課税にすることで、投資を通じた資産形成を促進することを目的としています。なお、非課税期間が終了した後や、NISA口座から資金を引き出した場合は、通常の税制に戻ります。

・2024年からの「新NISA」とは

2024年からは、さらにパワーアップした「新NISA」がスタートします。新NISAでは、非課税期間が「無期限」になるため、投資家が長期的に資産を形成し、育てていくことが可能となります。

この制度では、従来のNISAの特徴であった資産の成長が非課税というメリットを維持しつつ、さまざまな変更が予定されています。新NISAの主な特徴をまとめます。

・一般NISAとつみたてNISAの併用が可能

これまで一般NISAとつみたてNISAはどちらか一方しか利用できませんでしたが、新NISAでは併用できるようになります。

・非課税期間の拡大

非課税期間が「無期限」になります。これにより投資家は長期的に資産を形成し、育てることが可能となります。

・非課税投資枠の拡大

非課税投資枠が大幅に拡大します。具体的には、従来のつみたてＮＩＳＡの投資枠は年間40万円でしたが新ＮＩＳＡでは１２０万円になり、一般ＮＩＳＡは年間１２０万円から２４０万円になります。

・上限額の拡大

非課税投資の上限額が１８００万円になり、より大きな投資を行うことが可能になります。

これらの変更は、投資家がより効果的に資産形成をするためのものです。そのため、これからの投資に新ＮＩＳＡ制度を有効に利用することをおすすめします。

【NISA および iDeCo の比較】

	現行NISA		新NISA	iDeCo（個人型確定拠出年金）
	一般NISA	つみたてNISA		
利用対象者	日本に住む18歳以上の人			20歳以上65歳未満（公的年金被保険者のみ）
口座開設の手数料	0円			2829円
口座開設までの時間	最短1日			約1〜2ヶ月
最低投資金額	100円（金融機関により異なる）			5000円
投資金額の上限	年間120万円（累計600万円）	年間40万円（累計800万円）	・つみたて投資枠：年間120万円 ・成長投資枠：年間240万円 （累計1800万円）	年間14万4000円〜81万6000円（職業や企業年金の加入実態により異なる）
毎月の手数料	売買手数料、運用手数料など（銘柄により異なる）			・収納手数料：105円/月 ・事務委託手数料：66円/月 ・運営管理手数料：0〜400円 ・還付手数料（その都度）：1048円 （金融機関により異なる）
投資できる商品	株式、投資信託、ETF、REIT	特定の投資信託、ETF	株式、投資信託、ETF、REIT	投資信託、保険商品、定期預金など
引き出しできる時期	いつでも可能			原則60歳以降
税制優遇について	運用益が5年間非課税	運用益が20年間非課税	非課税	・掛け金は全額所得控除 ・利息、運用益は非課税 ・受取時に一定額税制優遇あり

【現行NISAおよび新NISAの比較】

現行のNISA制度

	つみたてNISA	一般NISA
	併用できない	
年間投資枠	40万円	120万円
非課税保有期間	最大20年間	最大5年間
非課税保有限度額	800万円	600万円
口座開設期間	～2042年末	～2023年末
投資対象商品	投資信託	上場株式、投資信託等
対象年齢	18歳以上	18歳以上

▼

2024年以降のNISA制度

	つみたて投資枠	成長投資枠
	併用できる	
年間投資枠	120万円	240万円
非課税保有期間	無期限	無期限
非課税保有限度額	1800万円	
		1200万円（内数）
口座開設期間	恒久化	恒久化
投資対象商品	つみたてNISAと同様	上場株式、投資信託等
対象年齢	18歳以上	18歳以上

現行NISAと新NISAの関係

2023年末まで現行の一般NISA及びつみたてNISA制度において投資した商品は、新しい制度の外枠で現行制度における非課税措置を適用

※現行制度から新しい制度へのロールオーバー（移行）は不可

・NISAとiDeCo、どちらがおすすめ？

この2つをご紹介すると、「どっちをやれば良いの？」と疑問を持つ方は多くいらっしゃいます。たしかに似たような制度なので、違いがよく分からなく感じますよね。

最終的には、NISAとiDeCoの2つを並行して運用するのがおすすめです。

どちらも運用の利益には税金がかかりませんし、長期的に運用し続けて将来必要なお金を作るのに向いています。銀行で普通預金口座に入れておくよりも効果的ですので、できる範囲で両方を活用していきましょう。

しかし、「毎月の余裕があまりないから、まずはどちらかから開始したい」という方もいるでしょう。そのような場合は、資産運用の目的から逆算して、どちらから始めるのかを考えてみてはいかがでしょうか。

例えば投資初心者は、つみたてNISAから始めるといいでしょう。つみたてNISAは、投資初心者でも使いやすいように、選定できる銘柄も限定して整えられている制度で、始めやすく失敗しにくいように設計されています。

そして60歳まで引き出さずにしっかりと節税しながらお得に運用したい方、老後資金を用意したい方はｉＤｅＣｏから使うといいでしょう。

つみたてＮＩＳＡは、投資の利益にかかる税金がゼロになるだけですが、ｉＤｅＣｏを使えば、給料から天引きされている所得税と住民税を減らして、その分を年末調整で取り戻すことができます。もちろん投資の利益もゼロですのでよりお得と言えるでしょう。

一方で「直近10～20年以内に結婚・出産・教育資金を用意したい」という方はＮＩＳＡが良いでしょう。ひと月に投資できる額はｉＤｅＣｏより大きく、その分だけ得られる可能性のある利益も大きくなりますし、いつでも利益確定して引き出すことが可能です。投資額は控除できませんが、利益に対する税金はかからないので、ライフイベントへの備えに役立つでしょう。

第6章

インデックス投資だけを行うリスク

過去に82％の暴落を経験している
インデックス投資

第5章では、「米国株のインデックスファンドは20年単位で見れば負けていない」とお伝えしましたが、実はロシアンルーレットのような要素も含んでいます。過去には80％以上下落した年があり、そのタイミングが退職の年と重なると、非常に厳しい状況に直面することになります。

アメリカ市場（S＆P500）のチャートの長期的な推移を見てみると、過去8回の大暴落（30％以上の下落）を経験しています。その中でも特に深刻だったのが、1929年の世界恐慌時の暴落で、そこから1932年までの3年間における下落率はなんと82％に達しました。

このような大暴落が起こると、投資家の資産は一瞬で蒸発してしまいます。この章では、過去の大暴落の記録などのさまざまな視点で、インデックス投資だけを行うリスクについて解説します。

・アメリカ市場の大暴落事例6選

アメリカ市場の過去の大暴落例を、次にまとめました。

期間	下落率	事件/要因
1968年11月～1970年6月	33%	ベトナム戦争、財政悪化
1972年12月～1974年9月	46%	オイルショック
1987年8月～1987年11月	34%	ブラックマンデー
2000年3月～2002年10月	49%	ITバブル崩壊
2007年10月～2009年3月	56%	リーマンショック
2020年2月～2020年3月	34%	コロナショック

このように、大暴落の例としては、1968年11月から1970年6月にかけての33%の下落や、1972年12月から1974年9月にかけてのオイルショックによる46%の下落、

1987年8月から1987年11月にかけての34%の下落(ブラックマンデー)、2000年3月から2002年10月にかけての49%の下落(ITバブル崩壊)、2007年10月から2009年3月にかけての56%の下落(リーマンショック)、そして最近では2020年2月から2020年3月にかけての34%の下落(コロナショック)が挙げられます。

これらの暴落は、それぞれ異なる要因によって引き起こされました。

第一次世界大戦中にアメリカは戦争の舞台にならなかったため、ヨーロッパを中心に輸出量が増加し、世界経済の中心としての地位を確立しました。しかし戦後はアメリカの輸出量が急減少したことにより生産過剰となり、製品が大量に売れ残って経済に対する不安が広がったことが世界恐慌の原因と言われています。

ブラックマンデーは、1987年10月19日に起きた大暴落で、ダウ平均株価は1日で22・6%も下落しました。

この暴落は全世界に波及し、世界的な株安を引き起こしました。ブラックマンデーの原因は1つではなく、複数の要因が重なって発生しました。1980年代初期のアメリカの「双子の赤字」、西ドイツの利上げ、ルーブル合意の協調政策の破綻への懸念、そして自動売買システムによる売りの連鎖などが主な要因とされています。しかし、これらが絶対的な引き金とはいえず、実際の原因は現在も明らかになっていません。

ブラックマンデーは投資家にとって重要な教訓となり、投資を長く続ける上で避けて通れないリスクの１つとされています。投資家の心理を悪化させ、売りが加速した結果、大暴落が生じたと考えられています。

ＩＴバブル崩壊は、２０００年代初頭にアメリカを中心に発生した一連の経済現象を指します。

１９９９年から２０００年にかけて、インターネット関連企業への投資が急増し、ＩＴ関連の株価が異常に上昇しました。しかし、その後の急激な株価の下落により、多くのＩＴ関連ベ

【日経225 週足チャート】

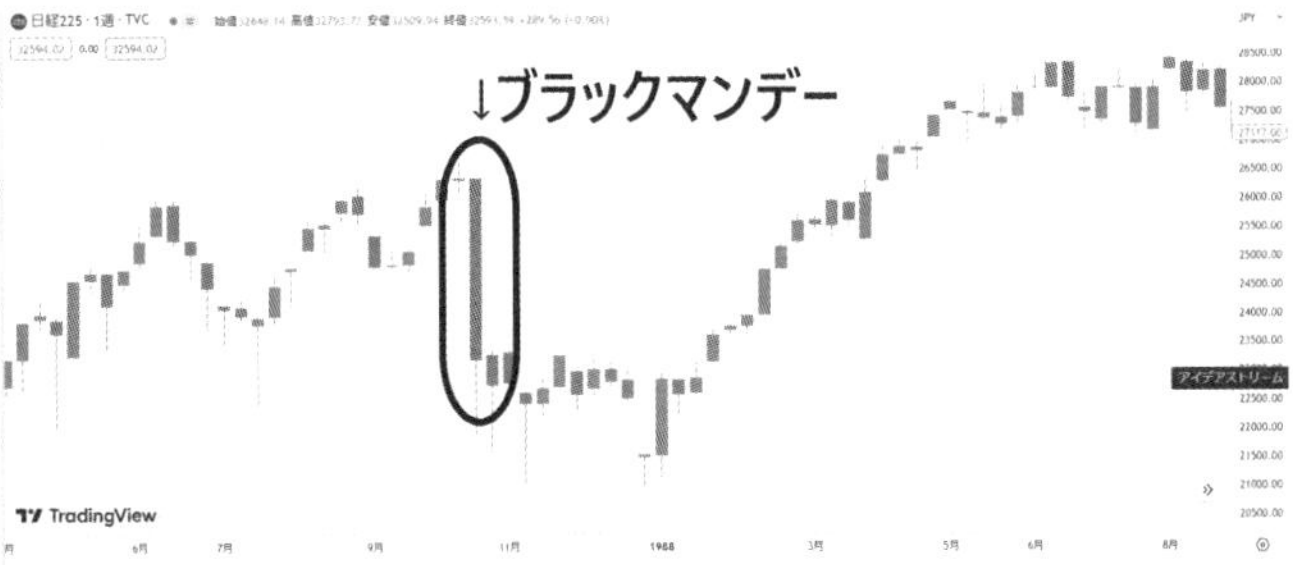

出典:TradingView

ンチャー企業が倒産し、世界的な不況となりました。

このバブルは、インターネットの普及とeコマースが発達し始めた1990年代末に発生しました。多くの企業がインターネット関連投資に走り、IT関連企業に注目が集まりました。特に、ナスダック総合指数は、1996年には1000前後で推移していたものが、2000年には5048・62をつけるほどでした。

しかし、その後FRBの利上げを契機に株価は急速に下落し、バブルは崩壊しました。この崩壊の過程で、多くのIT関連ベンチャーは倒産に追い込まれ、PCや通信設備の世界的な生産減少により、半導体の過剰設備や過剰在庫が生じました。

この話はChatGPTが2022年11月に公開されて以来、AIブームが到来し、私自身も恩恵を大きく受けたNVIDIAの株価が2023年の年初から倍以上に高騰して1兆ドル企業となったものの、過去12ヶ月間の収益が50億ドルと時価総額の0・5%しか実際は稼いでいない現状を見ると、気を付けておかなければならないということが過去の歴史からも分かります。

リーマンショックは、2008年にアメリカの大手投資銀行であるリーマン・ブラザーズ

（Lehman Brothers）が経営破綻したことから始まった世界的な金融危機です。その引き金となったのは、低所得者向けの住宅ローン「サブプライムローン」の問題でした。

リーマン・ブラザーズはサブプライムローンを大量に保有しており、借り手の多くが返済不能に陥ったことで巨額の損失を出しました。この銀行の経営破綻は、その後の世界的な金融危機の火種となり、他の金融機関にも大きな影響を及ぼしました。その結果、世界中の株価が大幅に下落し、多くの企業が資金繰りに苦しむなど、経済全体が混乱しました。

リーマンショックの影響は日本にも波及し、日経平均株価は1万2000円から6000円台まで下落しました。また、リーマンショックによる経済危機は、多くの企業が倒産するなど、日本経済にも深刻な影響を与えました。

コロナショックは、新型コロナウイルスの世界的な感染拡大により引き起こされた経済危機です。その特徴は「対面によるコミュニケーションの制限」にあります。感染拡大を抑制するため、多くの国で渡航制限や外出制限が実施され、人やモノの交流が制限されました。これにより、供給面からの経済停滞が発生し、人同士のコミュニケーションの制限や、人の移動の停滞により生産活動や物流が止まりました。

また、外出制限や自粛、渡航制限の導入などに伴い、観光や宿泊、航空など、人同士が接点を持つ対面サービスは、前例のない規模で需要が縮小しました。一方でオンライン消費や巣ごもり消費の拡大のように、新たな消費トレンドも見られました。さらに、コロナショックは所得・雇用面にも波及しました。感染状況の先行きに関する不確実性や失業者の増加、所得の低迷は、消費や投資を急速に縮小させ、危機の連鎖を生みました。

このようにインデックス投資は一見安全そうに見えますが、実際には大暴落など大きなリスクも含んでいます。特に、退職のタイミングが暴落と重なると、老後の生活資金が一気に減少してしまう可能性があります。

・起こりえないことが起こる「ブラックスワン」

ブラックスワンとは、事前に予想することがほとんど不可能で、発生した際に大きな衝撃をもたらす現象のことを指します。

この用語は、元ヘッジファンド運用者であり研究者のナシーム・ニコラス・タレブが、著書「The Black Swan（ブラックスワン）」で初めて使用し、以来広く使われるようになりました。この名前は、かつて白鳥は全て白色だと信じられていた時代に、オーストラリアで黒い白鳥が発見され、人々の常識を覆した出来事に由来します。このような従来の知識や経験からは予測できない極端な事象が発生し、それが人々に大きな影響を与えることをブラックスワンと呼びます。ここでは、投資におけるブラックスワンの具体例をお伝えします。投資をする上で避けられないリスクなので、確認しましょう。

インデックス投資でいうブラックスワンは、先述したベトナム戦争やオイルショックのような出来事が挙げられるでしょう。こうした歴史的な事件は誰も予想できませんし、下落率を見て分かるように、それによって相場が受けるダメージはとても大きいのです。

その他のブラックスワンの例としては、アイスランド金融危機やサブプライムショック、リーマンショックなど同年から始まった株式市場の大暴落が挙げられます。

アイスランド金融危機は、２００８年10月6日に突如として発生しました。アイスランドは

【アイスランドクローナ　チャート】

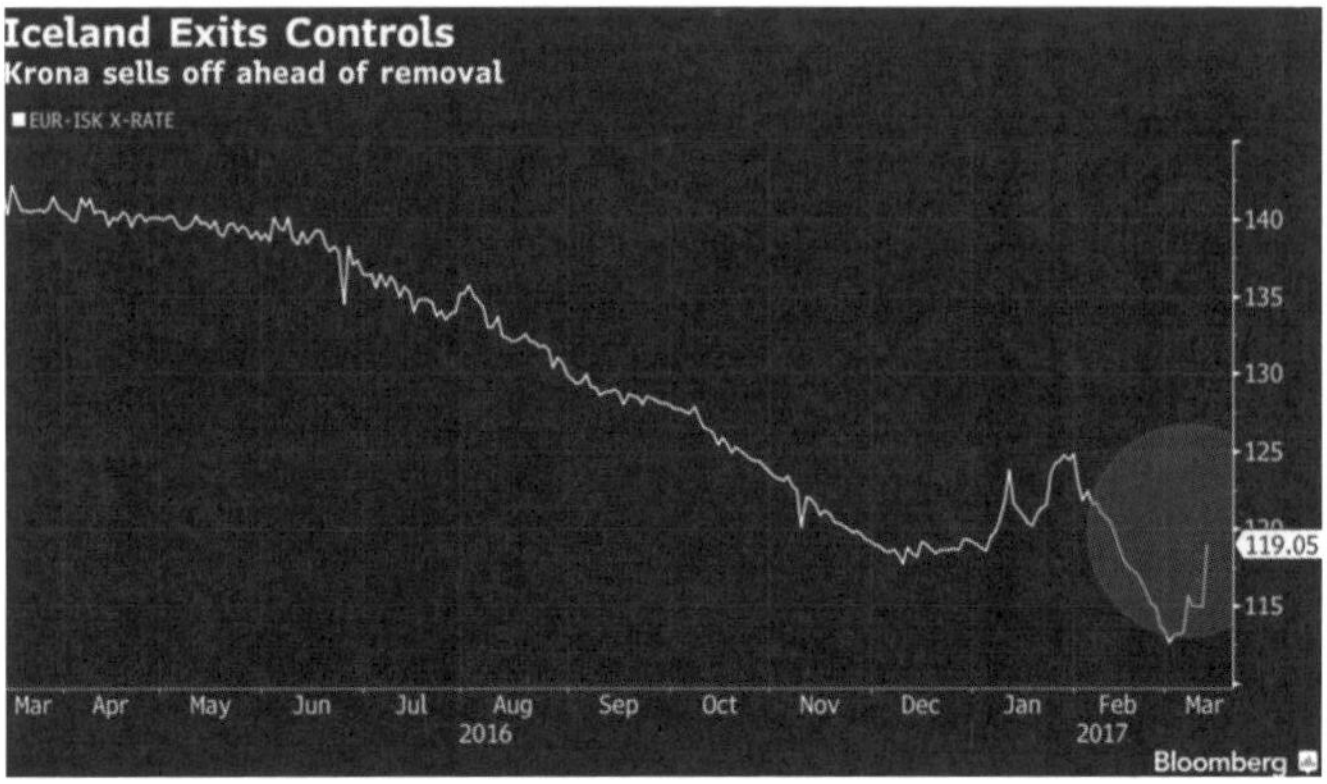

出典:Bloomberg｜アイスランド、金融危機後の資本規制を解除へ－国際資本市場に復帰

人口32万人の小さな国ですが、危機前の国民１人当たりのGDPは世界トップレベルでした。しかしその日を境に国家が破産し、国内の三大銀行が国有化されました。

この結果、借入や為替取引が一時停止され、アイスランドの通貨であるアイスランドクローナの取引も凍結されました。多くの国民や企業が破産しました。また、２００８年の株式市場も大きな混乱を見せました。この年、多くの人々が企業業績の良さから株式市場に楽観的であり、下落リスクを過小評価していました。

しかしその結果、約14ヶ月の間に米国株式市場は急落し、約半分の価値が失われるという事態が生じました。この急落により、約７兆ドルもの時価総額が失われる結果となりました。ブラックスワンは予測不可能な事象であるため、その発生を完全に防ぐことはできません。そのため、投資を行う際には、ブラックスワンが発生した場合にどのように対応するか、事前に計画を立てておくことが重要です。

投資だけでなく、ビジネスや日常生活においても、予想外の事態が発生することはあります。

私自身も、フィリピンで信用していた不動産仲介業者にだまされ、所有していた不動産の名義を代金を受け取る前に断りなく変更されて物件の引き渡しがなされていたことがありました。

その売買に関しては手付金もいただいていましたし、以前同じ業者で行った3件の取引には何ら問題はありませんでした。恐らくコロナ禍の不景気で資金がショートして、魔が差したのでしょう。もちろんこのような名義変更は通常ありませんが、投資に限らずビジネスや日常生活においても、予想外の事件が起こる可能性を理解し、それに備えることが重要です。

インデックス投資だけでは投資の実力がつかない

たしかにインデックス投資はリスク分散に役立ちますが、それだけでは投資の実力をつけることは難しいです。なぜなら、基本的にインデックスファンドは「買う」「売る」以外にやるべきことがなく、個別株投資に必要な勉強が不要だからです。

ＮＩＳＡやｉＤｅＣｏを使ったインデックス投資でも、初めに投資先と毎月の投資額さえ設定しておけば、後は放置で基本的に問題ありません。

インデックスファンドは長期的に運用するものなので、売るまでの数年間でやることといえば、「いくら利益が出ているかな？」と時々確認することくらいでしょう。

もちろんインデックス投資は初心者にとってはハードルが低めでおすすめの方法なので、資産を増やすためにはやった方が良いのは間違いありません。ですが、慣れてきたら投資家としてスキルアップをするためにも、個別株投資へ挑戦をすると良いでしょう。

投資の実力がつかなければ、AmazonやAlphabetなどの成長株を見逃してしまうリスクがあります。

ここではAmazonやAlphabetなどの成長株の実績などを参考に、投資の実力がつかない場合、どういった損失があるのかを具体的に解説します。

まず、第4章のテンバガー投資のところでも述べた、AmazonとAppleについてです。これらの株は10～20年かけて大きく値上がりしています。

Amazonの主力事業である電子商取引は、コロナ禍によるオンラインショッピングの需要増加により、大きな成長を遂げました。また、クラウドサービスのAWS

【Amazon 週足チャート】

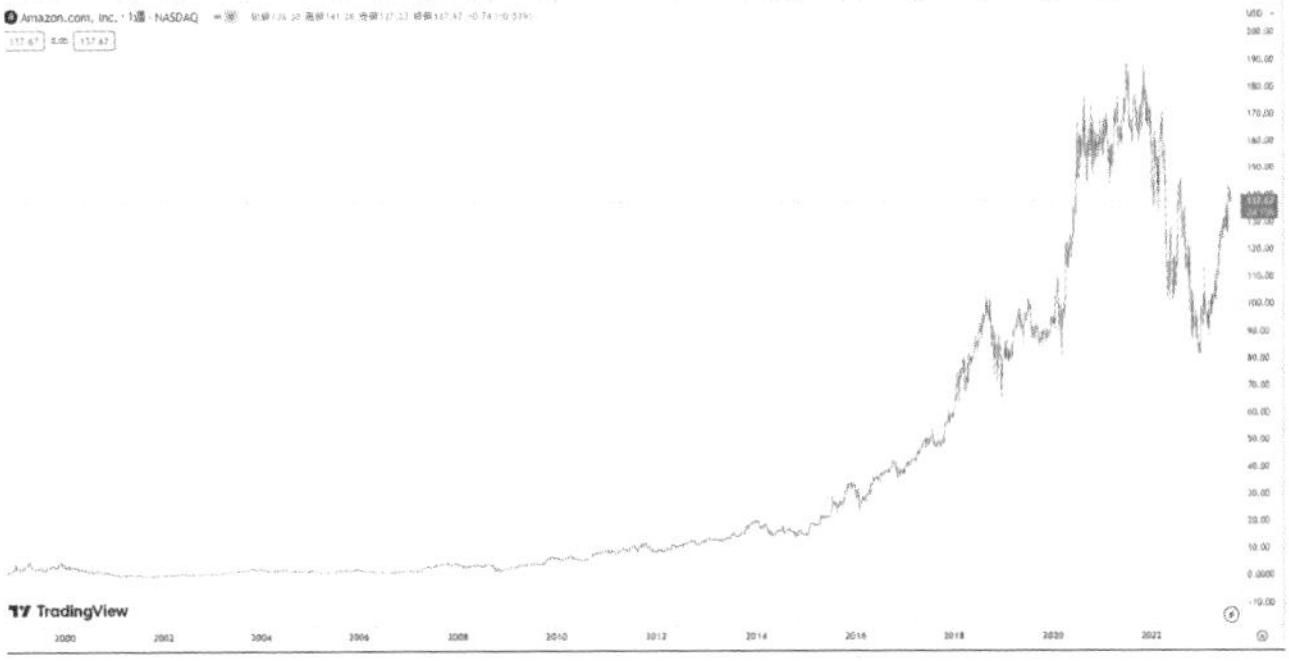

出典:TradingView

（Ａｍａｚｏｎ Ｗｅｂ Ｓｅｒｖｉｃｅ）も高い利益率を誇り、収益を押し上げています。これらの事業の成長は、Ａｍａｚｏｎの株価の上昇を支えています。

株価について改めて見てみると、２０１０年まで５ドル程度で横ばいに推移していましたが、２０１５年には20ドルを超え、２０２１年には１６０ドルを突破。わずか５年あまりで株価が８倍になりました。10年単位で考えると20倍以上成長しており、個別株へ投資していた場合は大きな利益を獲得できる計算です。

Ａｐｐｌｅについても、その強大なブランド力と革新的な製品・サービスで知られています。主要製品には「Ｍａｃ」、「ｉＰｈｏｎｅ」、「ｉＰａｄ」、「Ａｐｐｌｅ Ｗａｔｃｈ」があります。これらの製品とサービスや、Ａｐｐｌｅの絶大なブランド力を背景に、毎年新型ｉＰｈｏｎｅが発表されるタイミングで株価が大きく上昇します。

Ａｐｐｌｅの２０２２年度第４四半期の総売上高は、９０１億ドルでした。製品ごとの売上構成は、ｉＰｈｏｎｅが４２６・26億ドルで９・６％増、Ｍａｃが１１５・08億ドルで25・３％増、ウェアラブル、ホームデバイス、アクセサリーが96・５億ドルで９・８％増、サービスが191・88億ドルで5・0％増となっています。

さらに、Appleは2021年に電気自動車（EV）業界への参入を発表しました。ますます株価の上昇が見込まれます。

コロナ禍におけるNetflixの成長も見逃せません。2020年4～6月期の売上高が前年同期比25％増の61億4828万ドル（約6600億円）となり、純利益は前年同期比2・7倍で、いずれも過去最高を記録しました。新型コロナウイルスの影響で多くの人が家で過ごすようになったことから、有料会員数を大幅に伸ばしました。

次は、Alphabetについて見ていきましょう。AlphabetはGoogleの親会社として知られていますが、その成長率の高さと業績の伸びは、Amazonと同様に投資家からの注目を浴びています。

特に、Alphabetの広告事業は好調で、優れた成長を見せています。また、Googleの検索エンジンやYouTubeなどのサービスは、私たちの生活に欠かせない存在となっており、その利用者数の増加はＡｌｐｈａｂｅｔの業績を押し上げています。

Ａｌｐｈａｂｅｔの株価も、２０１０年までは10ドル程度で横ばいに推移していましたが、２０１５年には25ドルを超え、２０２１年には１４０ドルを突破しました。


また、Ｃｏｃａ‐Ｃｏｌａについても、かなりの成長株といえます。

投資会社Ｂｅｒｋｓｈｉｒｅ Ｈａｔｈａｗａｙの ＣＥＯでもあるウォーレン・バフェット氏も30年以上Ｃｏｃａ‐Ｃｏｌａの株を保有しています。その理由として、同社の連続増配や、配当利回り３％などの好条件が挙げられるでしょう。

さらにＣｏｃａ‐Ｃｏｌａは１８８６年の設立以来、禁酒法時代や第二次世界大戦中に米軍の軍需品として需要が拡大し、戦後もアメリカや世界の消費の拡大に乗りながら業績を伸ばしてきました。

現在のＣｏｃａ‐Ｃｏｌａの株価推移は緩やかですが、数十年にわたる長期的な視点で見ると、この銘柄は著しい成長を遂げたといえます。

もし１９８２年あたりまでにＣｏｃａ‐Ｃｏｌａ株を10万円分買っていれば、現在ではその価値は50倍以上に増えています。また、毎年の配当金で買い増しした場合、200倍以上の価値になっているでしょう。初期に100万円投資した場合でも、億万長者になれる計算です。

インデックス投資だけを行った場合、このような成長株に投資することはできません。そのため、インデックス投資だけでは成長株を見極める実力がつかないといえます。

特定の成長株にも個別投資することで、その企業の成長とともに投資家自身の資産もインデックス投資とは比べ物にならないほど大きく増やせる可能性があるのです。

・資産を増やすには集中投資も必要

投資の世界には、さまざまな戦略が存在します。本書では米国株のインデックスファンドでの分散投資と長期投資をすすめてきました。

その他に個別株にピンポイントで投資する**「集中投資」**も、投資家の間でよく議論されるテーマです。

分散投資はリスクを分散させることで安全性を追求する戦略であり、一方の集中投資は一部の銘柄に投資することで大きなリターンを狙う戦略です。

ここでは、資産を増やすには集中投資も必要という観点から解説します。なぜ1つの会社の株に投資する方法が重要なのか、ウォーレン・バフェット氏の投資法をもとに説明するので、参考にしてください。

バフェット氏は、**「分散投資は無知に対するリスクヘッジだ。自分で何をやっているか分かっている者にとって、分散投資はほとんど意味がない」**と述べています。これは、投資対象を徹底的にリサーチし、自分自身がその投資に対して確固たる信念を持つことが重要であるという意味です。その上で、自信を持って投資できる銘柄を見つけた場合、集中投資を行うことで、大きなリターンを得ることが可能です。

彼の考え方は、バリュー投資の父とも称されるベンジャミン・グレアム氏から学んだものです。グレアム氏は、**「企業の本来の価値に対し株価が乖離していれば、株価はいずれ本来の価値に戻る」**という考え方を提唱しました。これは、企業の「内在価値」を理解し、その価値を正しく評価することで、投資の成功を追求するという考え方です。

グレアム氏の投資法では、企業の有形資産（自社所有の機械や建物、原材料などの資産）価値を大幅に上回る価格の株には手を出しません。過去10年以上にわたってその企業が安定した収益をあげており、将来起こりうる低迷に耐えられる十分な規模と財政的な力を備えていることを確認します。

そして、市場から過小評価された株式を購入するのが、グレアム氏の取った投資方針でした。

これらの考え方は、投資初心者にとっても重要な教訓となります。

バフェット氏は分散投資を批判していますが、リスクを軽減して安全性を追求するやり方は大切だと、私は考えています。

それに対して、集中投資は一部の銘柄に大きく投資することでハイリターンを狙う戦略です。

集中投資では、その投資対象について深く理解し、自信を持つことが必要です。

そのためには、グレアム氏のように企業の「内在価値」を理解し、その価値を正しく評価する能力が求められます。

このような視点から見ると、インデックス投資だけに頼り投資の実力がつかないことはリスクだといえます。インデックス投資は分散投資の一形態であり、多くの銘柄に投資することでリスクを分散させます。

しかし、それは同時に、個々の銘柄について深く理解し、その価値を正しく評価するという能力を養う機会を失うことを意味します。

したがって資産を増やすためには、インデックス投資だけでなく一点集中型の投資も行うことが重要です。実際、グレアム氏の資産形成に大きく貢献したのも、ＧＥＩＣＯという会社の株への一点集中投資でした。

バフェット氏も集中投資で財を得ています。彼は、１９３０年にアメリカのネブラスカ州オマハで生まれ、現在もオマハに暮らしながら投資会社Ｂｅｒｋｓｈｉｒｅ ＨａｔｈａｗａｙのＣ会長兼ＣＥＯを務めています。

彼はもともと繊維会社だったＢｅｒｋｓｈｉｒｅ Ｈａｔｈａｗａｙを１９６５年に買収して再建に乗り出し、保険事業を中心とした投資会社にしました。その結果、Ｂｅｒｋｓｈｉｒｅ Ｈａｔｈａｗａｙは世界的なトップ企業へと成長しました。

バフェット氏の投資法は、グレアム氏の手法を発展させ、**「良い企業を安く買って長く持つ」**というもので、これが彼の成功の秘訣とされています。

彼の資産形成に大きく貢献したのは、Appleへの集中投資でした。バフェット氏もまた1つの企業に大きな投資を行い、その企業が成功すれば大きなリターンを得るという方法を採用しています。

すでにお伝えした通り、私が提唱するリスクの取り方の基本は、9割の資金でインデックス投資を行いつつ、1割の資金で集中投資によるハイリターンを狙うというものです。

これにより、リスクを分散させつつも、一部の資金でバフェット氏のような大きなリターンを狙うことが可能となります。

インデックス投資を開始した後は、ぜひ集中投資にもチャレンジしてみてください。集中投資をする銘柄が増えていき、優良銘柄のみが残って結果的に複数銘柄に投資する分散投資になっていくことが本当に理想的な分散投資と言えるでしょう。まさにバフェット氏のBerkshire Hathawayはこのタイプと言えます。

第7章

テンバガー銘柄の見つけ方

ピーター・リンチ流 身の回りから成長株を探す

ここまで、個別株に投資することでその会社の成長軌道に乗れれば、大きな利益を獲得できるチャンスがあるとお伝えしました。誰もが名前を知るようになる企業を無名のうちに発見し、株価が割安の時に手に入れられれば嬉しいですよね。

とはいえ第5章でも解説した通り、個別株を選定するには高い投資スキルが必要で、難易度が高めです。投資する株式を「どうやって見つければいいのか分からない」と悩む方は多くいらっしゃいます。そこでこの章では、プロの投資家や優秀な経営者などを参考にテンバガー銘柄を見つける方法について解説しましょう。

初めにご紹介するのは、ピーター・リンチ氏という投資家です。

リンチ氏は世界的に知られる投資家で、彼の投資哲学は**「人気株でなく不人気で割安な銘柄を**

買うことが重要」という考え方に基づいています。彼は、企業に対して徹底的なリサーチを行います。条件が合えば株価が低下した時に投資し、その後10年以上にわたって保有するというアプローチを取ります。

リンチ氏の特徴的な投資法は、次の通りです。

- **低（無）成長業界の中から高成長企業を見つける**
- **世間からあまり注目されず人気のない企業を好む**

また、市場の暴落時に有望な株を購入したり、成長株を割安な時に入手し大幅に利益をあげてから売却したりといった投資戦略を持っています。

リンチ氏は自分が投資を行う前に自分自身がどんな投資家かを理解し、プロのファンドマネージャーやウォール街の専門家に勝つ方法、株式と債券のリスクの比べ方、自分の金融資産の管理方法、そして成功するために必要な原則について深く考えています。これらの手法と考え方が、彼の投資成功の鍵となっています。

・株式銘柄を6種に分類

リンチ氏は株式の銘柄を6種類に分けています。それぞれのカテゴリーごとの株価の動き方に特徴があるからです。その分類は、次の通りです。

・低成長株
・優良株
・急成長株
・市況関連株
・業績回復株
・資産株

これらの分類を行うことで、銘柄を分析する時にその特徴がつかめ、投資判断がしやすくなります。それぞれの特徴を表にまとめたので、参考にしてください。

リンチ氏は成長企業に投資する際には、そのビジネスにまだ成長の余地が十分にあるかどうかを重視しています。

また、彼は投資家が所有している銘柄について、なぜそれを選択しているのかを理解すること、そしてリセッションや暴落が起きてもパニックにならないことの重要さを説いています。

さらに彼は自分が理解している企業や業界に投資することで、専門家を上回るパフォーマンスを出すことが可能だと信じています。

これらの手法と哲学により、リンチ氏はファンドの運用資産を2000万ドル

【ピーター・リンチ流　銘柄分類法】

分類	特徴	売却のタイミング・リスク
低成長株	成長率が低い大企業の銘柄	3〜5割程度の値上がりが見込める場合やファンダメンタルが悪化した場合
優良株	大企業の銘柄で株価の成長性が期待される	PERが高くなった場合や、新製品の利益化の確率が低い場合
急成長株	年率で20〜25%の成長が見込まれる企業の銘柄	急上昇後の売りが長引く可能性の高いことがリスク
市況関連株	売上と利益が市況に大きく影響される企業の銘柄	在庫の増加や市況の悪化などの要素が見られた場合
業績回復株	倒産寸前の状態から復活した企業の銘柄	業績の回復が一過性の場合
資産株	資産を保有する企業の銘柄	買収対象となった場合

から140億ドルまで増やすという驚異的な実績を達成しました。

一方、彼が投資を避ける会社は、人気産業の中でも人気の企業や、無計画な買収を繰り返す会社、顧客が単一で分散していない会社、名前が立派な会社などです。

ピーター・リンチ式の投資戦略では、株価の動きとシナリオの関連性に基づいて、株式の保有比率を調整します。事業が拡大し続けており障害がない場合は、高成長企業の株式を長期的に保有することが推奨されています。

・投資のチャンスは主婦の井戸端会議にあり?

リンチ氏は、投資の参考に女性の間での流行や主婦たちの井戸端会議にも注目していました。彼の視点から考えると、身の回りのトレンドからも成長株を見つけることができます。

例えば、2020年からペットフード市場が注目されています。新型コロナウイルスの影響で「おうち時間」が増え、ペットに癒やしを求める人が増えているためです。こうしたトレンドからペット関連企業の業績に注目すると、非常に好調であり、特にペットフード分野が主要な存在であると分かります。

さらに、ペットの家族化や高齢化に伴い、ペット保険や高付加価値ペットフードなどの商品・サービスの需要が増加しています。これらのトレンドは、投資の視点からも重要な動向であり、注目すべきです。

また、日本を代表するカジュアルファッションブランド「ユニクロ」を展開するファーストリテイリングも身の回りのトレンドから探せる成長株の1つです。

その成功の要因はSPA（Specialty store retailer of Private label Apparel）によるコストリーダーシップ戦略と、顧客からのフィードバックに基づく新製品開発戦略にあります。

SPAというのは、1つの大きな工場のように、洋服の企画・製造から販売・プロモーションまでを自社で手掛けるビジネススタイルのことです。

【SPAビジネスの流れの図】

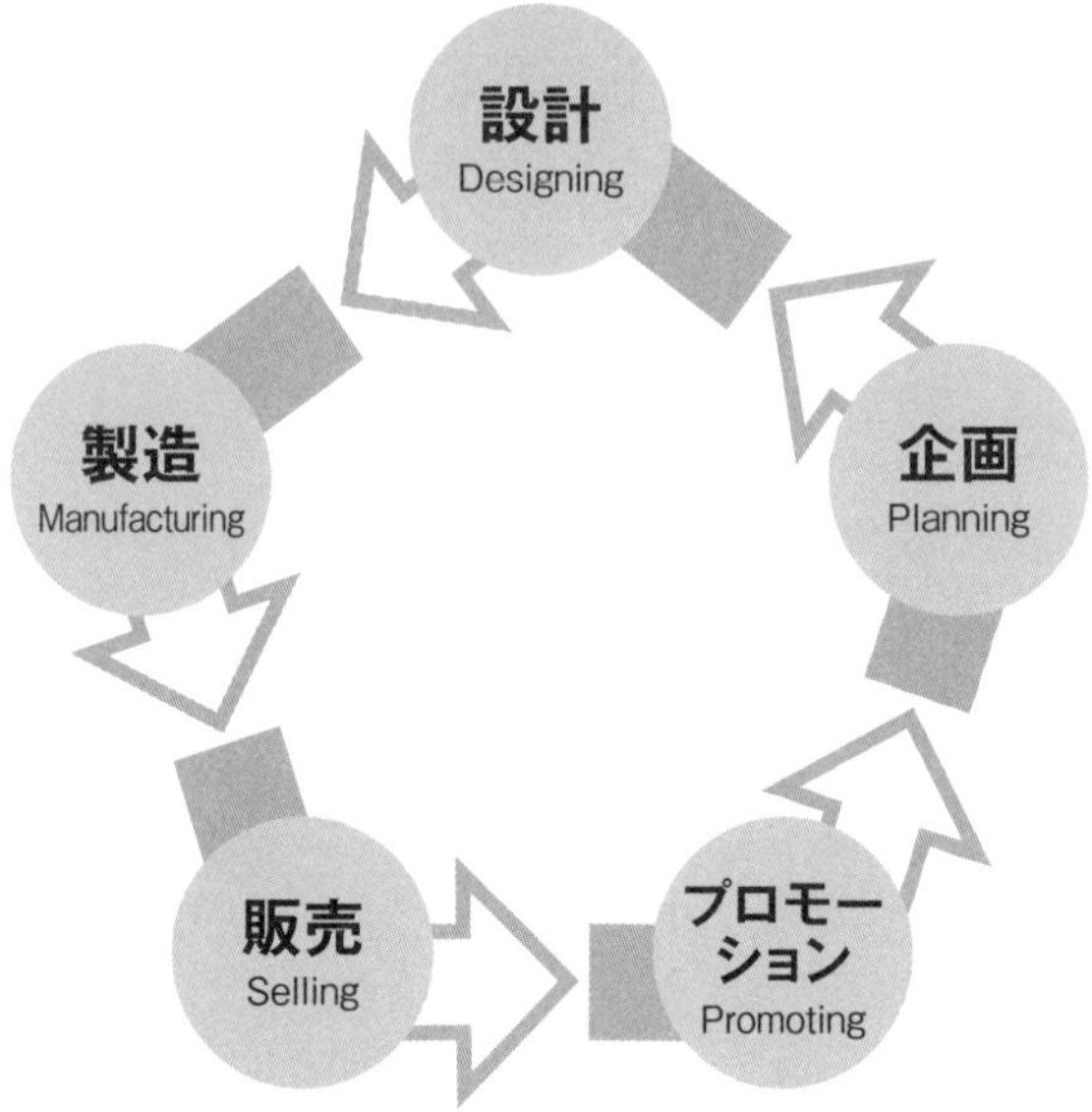

ユニクロの他にもGAPやZARAなども同じ戦略を採用し、成功を収めています。近年では、アパレル業界だけでなく、他の業種でもSPAという手法が取り入れられるようになってきています。

SPAの魅力は、コストと時間の効率化です。自社で材料を調達し、自店舗で直接販売するため、他の企業に頼むことで発生するコストや時間を大幅に節約できるのです。

さらに、販売状況や顧客の好みなどの情報も自社で把握しているため、新商品のアイデアをすぐに反映できます。これにより、ユニクロは競合他社よりも低コストで高品質な商品を提供し、市場シェアを拡大してきました。また、ユニクロは「普段着としての着やすさ」を追求し、ファッション性や流行よりも、着心地の良さに重きを置いています。老若男女から幅広い支持を得ており、その地位を確立しています。

このように普段のファッションなど、生活の中に溶け込んでいるサービスからも成長株は探せます。他にも、配車サービスやフードデリバリーサービスを提供するUberや、オーダーを停止するほど人気となったフェラーリのSUVモデルも、トレンドとして注目できます。

リンチ氏は、身の回りで普及し始めたものに注目する重要性を説いています。その視点を持つことで、まだまだ成長の余地がある市場を見つけることができます。

先ほど挙げた日本のペットフード市場もまだまだ発展途上であり、アメリカの市場の10分の1程度しかないと考えられています。日本のビジネスは、世界より10年遅れているといわれているため、アメリカなどの市場を参考にすることも、成長市場の発見に役立ちます。

このように早めにトレンドを読み取り投資の準備をすることは、リンチ氏の投資哲学を具体的に実践するために重要です。

バフェット流　6つの投資原則

次にご紹介するのはウォーレン・バフェット氏の戦略です。

彼は**「銘柄を徹底的にリサーチして自信を持って投資できると判断した場合、集中投資を行うことで大きなリターンが得られる」**という考え方を持っています。

つまり、企業の内在価値を理解し、その価値を正しく評価することで投資の成功を追求するというものです。

ここでは、バフェット氏の投資術をもとにテンバガー銘柄の見つけ方を解説するので、参考にしてください。

まず、バフェット氏の師であるグレアム氏の投資法では、企業の有形資産価値を大幅に上回る価格の株には手を出しません。投資を行う前に、過去10年以上にわたってその企業が安定した収益をあげており、将来起こりうる低迷に耐えられる十分な規模と財政的な力を備えていることを確認します。

バフェット氏はこのグレアム氏の投資法をさらに進化させ、市場から過小評価された株式を購入するだけでなく、その株を長期間保有することで、より大きなリターンを追求する投資法を確立しました。

バフェット氏がエントリーする銘柄の基準は、次ページの6つのルールに基づいています。バフェット氏が買い足す銘柄もエントリーする銘柄の基準に基づいています。その1つとして、Bank of Americaが挙げられます。

銀行業界が混乱する中でも、バフェット氏はBank of Americaを買い足し続けています。なぜならその企業が優れた経営と強固なバランスシートを持っているからです。

また、Occidental Petroleumもバフェット氏が買い足し続けている銘柄で、彼は同社の炭素回収事業に大きなチャンスが見込まれると評価しているのです。

日本の商社やAppleの株についても割安さと成長性を見込んで持株を増やしています。特

【バフェット流 6つの投資原則】

投資原則	特徴
企業価値より割安な株価で買う	市場が企業の実力を過小評価している時に株を購入し、企業価値が見直された時に値上がり益を狙います。単に割安な会社を買うのではなく、「素晴らしい会社」を適正な価格で買うことを重視し、株価指標だけでなく、企業の実力に見合った投資を行う姿勢が特徴です。
自分が理解できるビジネスを買う	例えば、バフェット氏は2000年のITバブル時には高騰したIT株に手を出さず、「自分が理解できない事業」と判断しました。バフェット氏の手法を模倣するなら、シンプルで明快なビジネスモデルを持つ企業や、自身の得意分野に関連する企業を選びましょう。
長期的に安定した業績の企業を買う	一時的なトレンドに左右されず、長期的な業績の安定性を重視します。持続的な収益力や、過去の実績に基づいた企業の安定性を見極めることが重要です。
社会のニーズに対応した企業を買う	社会の変化に対応し競争力が高く、将来的な成長が期待される企業を選択します。参入障壁の高い業種や、強力なブランドを持つ企業を選びます。
高い自己資本比率を持つ企業を買う	自己資本比率が高く、借金に頼らず安定性がある企業を好みます。日本企業の場合、一般的に「自己資本比率が50%以上」であれば優良企業とみなされる傾向があります。
高ROE企業を買う	ROE（自己資本利益率）が高い企業を選択し、効率的な利益の創出能力を確認します。日本企業ではROEが10%以上であれば優れた評価を受ける傾向があります。

に、Appleは株を所有するどの企業よりも優れていると評価しています。

次に、バフェット氏が手放す銘柄を判断するのは、彼がエントリーする銘柄の基準に当てはまらなくなった場合です。具体的には下の表のようなケースです。

【バフェット氏が銘柄を手放す場合の判断基準】

基準	説明
高いPER（株価収益率）	バフェット氏は高いPERを持つ銘柄を好みません。高いPERは株価が過大評価されている可能性を示す指標です。割高の基準は業種によって異なります。そのためPERでは割高ですが、将来的な利益の成長率を加味したら割安といった銘柄を発掘するためのPEGレシオといった指標などもあります。 PEGレシオ＝PER（倍）/EPS成長率（％） EPSは1株あたりの純利益
低いROE	ROEが低い企業は、自己資本をうまく運用できていない経営効率が悪い企業である可能性があります。
成長性の低下	過去10年間の売上高や営業利益の増加率が、30％以下の銘柄には注意しましょう。将来的に成長性が低下する恐れがあります。
財務状態の悪化	有利子負債が多い企業には注意が必要です。財務状態の悪化は企業の安定性に関わる重要な要素であり、負債の増加を警戒します。
ビジネスモデルを理解できない	バフェット氏は自身が理解できるビジネスであることを重視します。企業のビジョンやビジネスモデルなどを評価し、理解できないと判断した銘柄は避けましょう。

超優秀経営者から投資先を探す

超優秀経営者から投資先を探すことも有効です。当然ですが、会社を経営するのは経営者ですので、会社の株が値上がりしていくかどうかは、経営者の手腕にも関わってきます。

ここでは経営者の優秀さを判断する基準や、注目の経営者について紹介します。これらの基準も、投資先を選定する際の参考になるでしょう。

まず、優秀な経営者の一般的な特徴は次の通りです。

- 決断が速い：彼らは迅速に決断し、決定したらすぐに行動します。
- ポジティブ思考：できない理由ではなく「どうやったらできるか」を常に考えています。
- 撤退の早さ：ダメだと判断したら素早く撤退します。

- **数字に強い：経営者は数字に強く、新しい知識や技術を貪欲に取り入れます。**
- **資源の集中投資：得意なことに資源を集中投資します。**
- **他者の力を活用：人の力をうまく利用します。**
- **見た目や健康を大事にする：自身の外見や健康を大切にします。**

第4章でも解説しましたが、アメリカはCEOの報酬が日本に比べて高く、優秀な経営者が集まりやすい国です。

報酬の大部分が「インセンティブ」によるもので、その中央値は16・2億円にもおよびます。これは日本の大企業のCEO報酬の中央値と比較して約12倍の額です。GoogleのCEOが300億円くらいで、Appleは140億円くらいです。

この報酬格差は、アメリカと日本の企業文化の違いから来ています。アメリカでは、高い株式リターンを出せば、それに見合った役員報酬が受け入れられるという見方が一般的です。

一方、日本では、社長は従業員の代表的存在とされ、高額な給料を受け取ることが少ない傾向にあります。

優秀な経営者の例として、AppleのCEOのティム・クック氏が挙げられます。彼は1960年にアラバマ州で生まれ、IBMなどの大企業を経て、1998年にAppleに入社しました。2005年にCOOに就任し、ジョブズ氏の引退後の2011年にCEOに就任。そして同社を時価総額1兆ドルを超える企業に育て上げました。

彼の経営手腕は、業績の改善によって評価を受けています。自社工場や倉庫の統廃合、外部製造業者への切り替えなど、効率化を目指すためのオペレーション改善を実施しました。また、彼のリーダーシップの下で、Appleは収益を多角化させることに成功しました。主力製品であるiPhoneに加えて、アプリやクラウドなどのサービス部門でも利益を伸ばしています。

さらに、クック氏は環境問題や慈善事業にも積極的に取り組んでいます。環境関連の投資額は数十億ドルに達し、Appleではすべてのビジネスの工程で再生可能エネルギーの使用を推進しています。

また、彼は自身が同性愛者であることを公表し、上層部に女性や有色人種を積極起用するなど、多様性を尊重する企業としてのブランドイメージを高めています。

他にも、ダラ・コスロシャヒ氏はＥｘｐｅｄｉａのＣＥＯを12年間務め、その間に同社の売上を２００５年の21億ドルから２０１６年には87億ドルに伸ばすという素晴らしい経営を行いました。

彼はＥｘｐｅｄｉａをアメリカ最大のオンライン旅行代理店に成長させました。「テクノロジーが世界を変える」という強い信念を持ち、最近では音声検索に大きな関心を示しています。

また、彼は政治についても率直に発言し、トランプ前大統領の移民政策などに対する対応を批判しています。これらの実績と姿勢から、彼はＵｂｅｒのＣＥＯに指名されました。

また、全固体電池のＱｕａｎｔｕｍＳｃａｐｅの中心人物であるジャグディープ・シンＣＥＯは、企業の資金調達に長けています。彼のリーダーシップの下、ＱｕａｎｔｕｍＳｃａｐｅは3億ドルの資金を獲得し、バッテリー新興企業として注目を浴びています。

このように超優秀経営者を見つけることができれば、そこが投資先の候補となるケースもあります。ニュースで話題になっている経営者がいたら、その都度どんな人物かリサーチしてみると良いでしょう。

最新技術から投資先を探す

有名な投資家や起業家を調べるのも良いですが、最新技術から投資先を探すのも有効です。最新技術の中には世の中を変えるポテンシャルを持つものもあり、その中にも投資チャンスがあります。

ここでは具体的にＡＩや全固体電池などの技術から投資先を選定するメリットをお伝えします。さらに、ＡＩ業界の中でも魅力的な企業を紹介しますので、ポートフォリオを作成する際に役立ててください。

・AI（人工知能）

最初に紹介するのは、２０２３年からブームとなっているＡＩ（人工知能）についてです。

ＡＩの可能性・将来性については本書冒頭でもお伝えした通りであり、関連企業が続々と登場しています。その中には、今後大きく成長する企業も存在するでしょう。

こうした企業をいち早く見つけて投資できれば、大きな含み益を狙えます。


例えばＮＶＩＤＩＡは半導体メーカーとして知られていますが、その成長性は非常に高いのです。その理由は、同社が人工知能関連の市場シェアをほぼ１００％支配し、自動運転システムの開発も手掛けているからです。

そういった最新技術でシェアを奪った結果、ＮＶＩＤＩＡの株価は10年間で１３９倍になり、２０２１年には半導体メーカーの世界ランキングで7位にランクインしました。


また、同じＡＩ関連でＯｐｅｎＡＩも有力です。

第2章でもお伝えした通り、ＯｐｅｎＡＩはＣｈａｔＧＰＴを開発した企業であり、ユーザー数の圧倒的な増加速度で注目を集めています。

２０２３年時点でＯｐｅｎＡＩは、売上がほぼ発生していない段階にもかかわらず、時価総額4兆円という評価額を得ています。

その理由としては、次の通りです。

・GenerativeAIの活用：最新のトレンドであるGenerativeAI（生成AI）を活用しており、データから新たな情報やコンテンツを生成する技術を利用しています。
・付加価値の創出：GenerativeAIの活用により、あらゆる領域で付加価値を生み出せる可能性があります。
・専門家や研究者のサポート：GenerativeAIを利用することで、専門家や研究者の業務サポートが期待されます。

これらの要素が組み合わさることで、ChatGPTは大きな成長性を秘めています。

他にはAI関連で注目されているGoogle Bard（グーグルバード）が挙げられます。

こちらも第2章で解説した通り、対話型AIサービスです。ChatGPTのようにメッセージを入力すると、そのリクエストに応じた回答を返すことが可能で、Ｇｏｏｇｌｅの生成系ＡＩとして期待されています。日本語でも利用可能で、無料版でも最新の情報に対応しています。

Ｇｏｏｇｌｅ ＢａｒｄはＧｍａｉｌなどとの連携機能も備えており、ＡＩで作成した文章は、直接Ｇｍａｉｌの下書きになります。普段からＧｏｏｇｌｅアカウントを利用している方にとっては、便利なツールになっていく可能性があります。

その他にも次のような用途に活用できます。

- プログラミング
- 文章の校正・校閲
- 外国語の翻訳
- 定型的な文章の作成
- マーケティングコンテンツの創作
- 長文の要約

・インタビューや台本の作成

・全固体電池

ＡＩ以外の分野では、ＱｕａｎｔｕｍＳｃａｐｅが全固体電池の開発において注目を浴びています。

全固体電池は、特殊な電池の一種です。普通の電池は中に液体が入っているのに対して、全固体電池は中に固体の材料が入っています。

全固体電池のメリットは、安全性が高いことです。固体の材料は燃えにくく、液体の電池よりも熱や衝撃に強いので、事故のリスクが低くなります。

ＱｕａｎｔｕｍＳｃａｐｅは、その全固体電池において、高い技術力を持っています。例えば、次のような性能を持つ全固体電池を発表しています。

・驚異的な性能：15分で80％まで再充電可能
・低温での動作：マイナス30℃でも正常に動作する

・長寿命：800回の充電を繰り返しても容量の80％以上を維持

ＱｕａｎｔｕｍＳｃａｐｅはまだ製品や収益がなく、商業生産への移行は重要な課題となっていた頃から、フォルクスワーゲンやビル・ゲイツ氏などからの投資が進んでいましたが、フォルクスワーゲンは2025年に全個体電池の量産化を進めると発表し、動向が注目されています。

・ＢＭＩ

Ｂｒａｉｎ‐ｍａｃｈｉｎｅ Ｉｎｔｅｒｆａｃｅ（ブレイン・マシン・インターフェース）も注目されている最新技術の1つです。最先端技術で、脳波の検出や脳への刺激で人間の脳と機械を直結させます。

この技術では、人の脳内から記録した神経活動によりロボットアームやコンピュータのカーソルなどを動かすことが可能です。

また、ＢＭＩ技術によるリハビリや科学的な脳トレなどを通じて、さまざまな可能性が実現すると考えられています。

現在、Ｆａｃｅｂｏｏｋ（現Ｍｅｔａ）やイーロン・マスク氏のベンチャー企業がＢＭＩのシステム開発に取り組んでおり、ＢＭＩの進化によってテレパシーに近いコミュニケーションが取れると考えられています。

こうした最新技術から投資先を探すことも、テンバガー銘柄を見つける上で役立ちます。

第8章

一流の投資家になるための意識とメンタル

富保有意識を持って資産を守ろう

本書では投資の基本から実践方法までをまとめてきました。9割の資産でインデックス投資を、残り1割の資産でテンバガー投資を開始していけば、きっとあなたはこれまで以上に資産を増やすチャンスを得られるでしょう。

ですが、投資で成功するためには知識・スキルだけでは不十分です。もしあなたが将来的に大きな資産を築きたいのであれば、それに適したマインドセットを身に付けなくてはなりません。

第8章では、一流の投資家に必要な**「富保有意識」と3つの基本メンタル**についてお伝えします。

富保有意識とは、自身が富を保有するという意識、あるいは富を収容する「器」を指します。これは富を築き保持するために不可欠な精神的要素であり、次の7つの段階に分けられます。資産を守る上で不可欠な考え方ですので、ぜひマスターしてください。

この7つの意識は私の著書「ザ・マネー7つの原則」で詳しく整理していますので、ここでは簡単な解説に留めます。

1．生活の安定

自分自身の生活が安定している状態を指します。例えば、日々の食事や住宅、医療などに困ることなく、精神的な余裕を持てる状態です。

2．自己顕示

生活が安定すると、自分の存在を他人に認めてもらいたいという意識が芽生えます。例えば、

【7つの意識】

	レベル	説明
1	生活の安定	自身の生活を安定させ、基本的なニーズを満たす
2	自己顕示	富や成功を示すことで他人に認められたいという意識
3	自己成長	自己の本質を追求し、学びやスキルアップに投資
4	家族、親族の生活の面倒を見る	家族や親族への感謝と支援に重点を置く
5	社会貢献	自分以外のものへの感謝と社会への恩返し
6	地元への貢献	自身が育った地元への貢献活動
7	次世代への貢献	自身の哲学や価値観を次世代に引き継ぐ努力

ブランド品を身に着ける、高級車を運転する、といった形で富を示す行動がこれに該当します。ただし、この段階では顕示欲が過度になり、財産を浪費する危険性があるため、注意が必要です。富を見せびらかすのではなく、素晴らしい行動をアピールすることで周りのサポートを得るよう気をつけましょう。

3．自己成長

このレベルに達すると、他人の評価よりも自己成長を求めるようになり、本質を追求します。例えば、学びやスキルアップのための投資がこれに当たります。自己の本質を理解し、進化させることを求めます。

4．家族、親族の生活の面倒を見る

家族や親族への感謝の気持ちとともに、彼らの生活を支えることに重きを置きます。家族や親族への感謝の念から、彼らの生活を支えることに重心が移る段階です。例えば、子供の教育費や親族の医療費を援助する行動が含まれます。本当に大切で自分を支えてくれるものは、当たり前

だと思っているものの中にあります。そこに気づくことで、ビジネスパートナーとも深い家族のような関係になり、仕事での成功につながります。

5．社会貢献

自分や家族が満たされた上で、社会に対する恩返しを考えます。金銭的、精神的余裕が生まれて幸せになると、自分以外のすべてのものに感謝するようになります。うまくいく人の考え方というのは、「自分以外のすべてのおかげで成功した」という思考です。そして、幸せをお裾分けするために、社会貢献に取り組むようになります。例えば私の場合、稼ぐ理由は教育格差をなくすためですので、教育施設へ寄付などを行っています。

6．地元への貢献

自分のアイデンティティが育った地元への貢献を考えます。例えば、地元の学校への寄付や地域活性化に関わるプロジェクトに参加するなどの行動がこれに該当します。「4．家族、親族の生活の面倒を見る」に通じるところもありますが、自分が育った環境から得られたものに感謝するようになります。大切なものは本当に身の回りにあるのです。

7. 次世代への貢献

最後の段階は「次世代への貢献」です。自身の哲学や価値観が、この世を去った後も次世代に引き継がれることを目指すようになります。具体的には後継者の育成を通して、「人財」を育てます。人の一生は短いですが、伝承すれば、何千年後の後世まで人を幸せにする思想を引き継ぐことができます。その意味で、今回の書籍出版にも、重要な意義があると考えています。

富保有意識を持つことは、富を構築し維持する上で重要です。この意識は「器」を大きくすることで成長します。

新しいことに挑戦し試練をクリアすると、次に同じ問題に直面した時はそれを問題と感じない器になっていきます。このように器を日々大きく育てることで、富保有意識は高められます。また、自分だけで解決することが難しい場合は、周りの器を借りてサポートを得ることも重要です。

・基本メンタル1 絶望・悲観は大バーゲンセール

一流の投資家となるために必要な基本メンタルの1つ目は、「絶望・悲観は大バーゲンセール」と考えることです。「それのどこがバーゲンセールなの?」と思う方もいると思いますが、投資を続けていけば、この感覚について理解を深めていけるでしょう。

詳しく解説します。

世の中では悲観論の方が取り上げられる

世の中ではコロナショックのように、悲観論の方が取り上げられやすい特徴があります。

例えば、2023年2月にGoogleの親会社Alphabetの株価が大幅に下落したというニュースがありました。これは、同年2月8日にGoogleがフランス・パリで開催された「Google Bard」の発表会で、AIが出した回答に複数の誤りがあったことを指摘されたためです。この結果、Alphabet株は1日で9%以上、下落しました。

こうした企業における出来事を始めとして、誰かが失敗したり不幸なことが起きたりすると、それが大きく報道されます。「気分が暗くなりそうな報道の方が注目を浴びやすい」と考えられ、視聴率が上がりスポンサー収入がより入るためなのか、テレビやインターネットのニュースを見ていても、マイナスな情報は多く、嫌でも目に入ってきますよね。

このように悲観的な出来事は、メディアでは大きく取り扱われる傾向にあります。

しかし投資家にとって絶望・悲観は投資のチャンス

Ｇｏｏｇｌｅ株の下落のニュースは、投資家のメンタルにとって重要な教訓を提供します。すなわち、絶望や悲観が広がる時こそ、大きな投資チャンスであるということです。

このケースではＧｏｏｇｌｅ Ｂａｒｄの発表会での失敗が、株価の大幅な下落を引き起こしました。しかし、このような悲観的な状況は、投資家にとっては大バーゲンセールのようなもので、株価が下がった時こそ、大きなリターンを得るための投資のチャンスとなります。

Googleの株価下落の例を挙げましたが、悪いことがあれば「それが長期的に続くかどうか」で考えることが重要です。

2023年2月末時点のAlphabetの株価は、Google Bardの発表会での失敗で90ドルを切る場面もありましたが、2023年5月末時点では120ドルを超えていました。

この株価の上昇は、2023年5月11日にGoogleが新たなAIツールを検索エンジンに導入すると発表したことを受けてのものです。発表は、AIを利用した検索によって、広告収入の更なる増加を促進できるというメッセージを投資家に伝えました。

ここから分かるように、市場は悲観的な意見に左右されやすく、企業の価値に対してしばしば売られすぎていることがあります。

アメリカの大手企業であるGAFAMですら暴落することはありますが、「それが長期的に続くかどうか」で考えると、大企業は資金や優秀な人材が集まるため、下がっても持ち直しやすい傾向があります。

似た例として、Ｆａｃｅｂｏｏｋが社名を「Ｍｅｔａ Ｐｌａｔｆｏｒｍｓ」（メタ・プラットフォームズ）、通称Ｍｅｔａに変更したニュースについて紹介します。

この社名変更は、２０２１年10月28日にメタバースへの大規模な投資を背景に行われましたが、その結果は予想外の大打撃となりました。Ｍｅｔａが開発したメタバースアプリケーション「Ｈｏｒｉｚｏｎ Ｗｏｒｌｄｓ」の品質が低いとの評価が広まり、株価は急落しました。

さらに、２０２２年度第３四半期の決算では、売上高が前年同期比で４％減少しました。これは、広告収益の低下や主力ＳＮＳの成長率の鈍化などが影響しています。

【Meta Platforms 週足チャート】

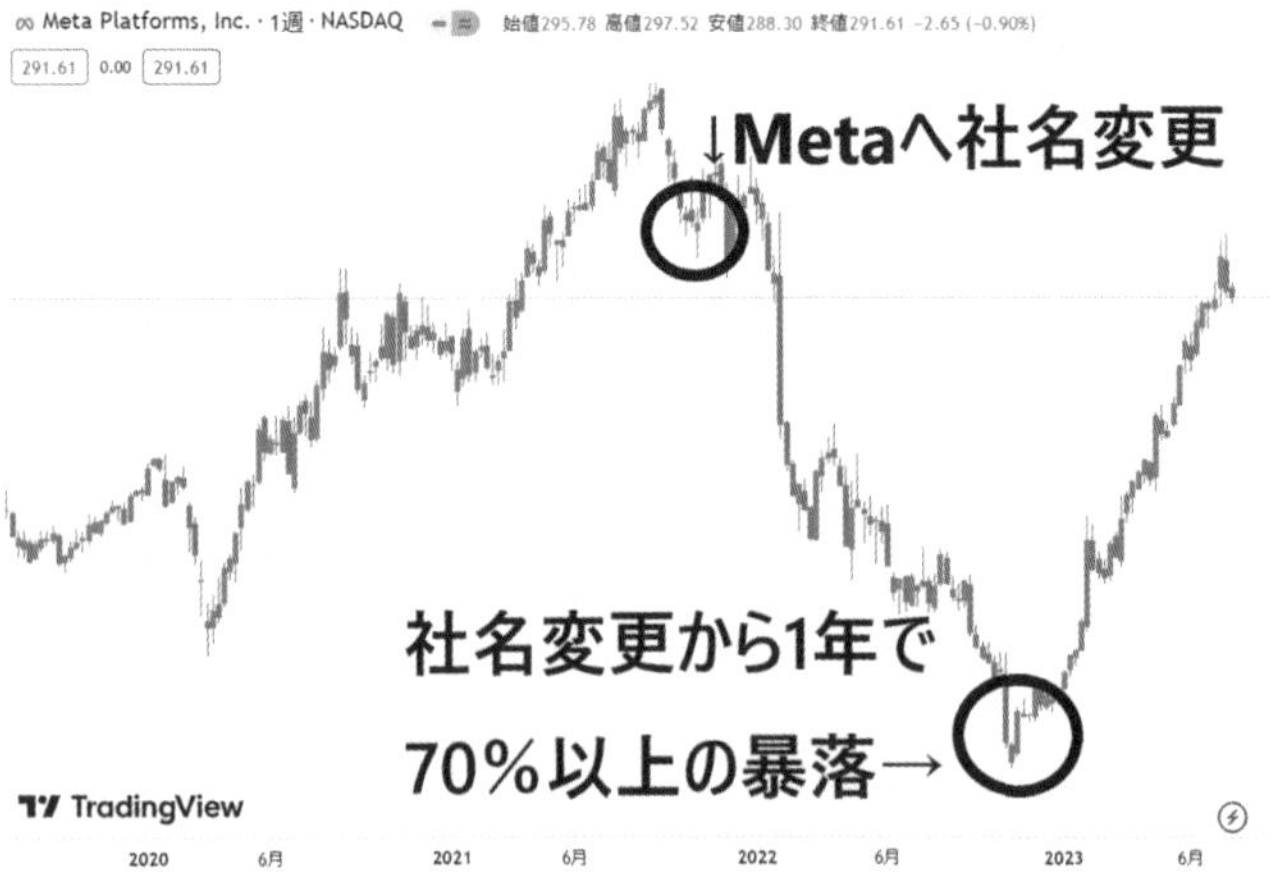

出典:TradingView

また、TikTokのような新興SNSの存在も、Metaの苦境を深めました。

これらの結果、Metaの株価は、社名変更から1年で70%以上も暴落し、時価総額は約76兆円も減少しました。

この事例から、大企業であっても一時的な暴落は起こりうることが分かります。しかし、売られすぎている場合は持ち直しが可能であり、投資のチャンスとなりえます。

事実、Metaの株価は、同社がAIを重視する姿勢を改めて打ち出し、コスト圧縮の取り組みなどによって、人気銘柄として復活しました。

これは、一時的な暴落が必ずしも企業の価値を反映していないことを示しています。大企業は資金力と優秀な人材を持っており、一時的な困難を乗り越えて持ち直す能力があります。

したがって、絶望や悲観が広がっている時こそ、投資のチャンスとなるのです。

ウォーレン・バフェット氏も、こうしたチャンスに備えていつでも買えるように現金を用意しています。天才的な投資家は、周りの人たちが恐怖でパニック状態にある時に、平然と割安株を買えるメンタルと買う基準を持っています。

例えば、有名な例でいうと、American Express(アメックス)のサラダオイル事件が挙げられます。

事件の発端は、とある詐欺師が大量のサラダオイルを保管していると偽装し、American Expressはそれに基づく保証書を発行し、資金を貸し付けたことでした。ところがそのサラダオイルの中身はただの水であったことが発覚し、同社は大損害を受け、株価は暴落します。

この事件に対してバフェット氏は、まずAmerican Expressの消費者が引き続きサービスを利用していることを確認しました。

そして「この暴落は長期的なものではないだろう」と彼は判断し、暴落を投資チャンスと捉え、大量の株を購入したのです。これは彼が、混乱の中でも良い投資機会を見つけ出す冷静さを持っていた証左といえます。

また、バブルの終了や債務上限の引き上げ、リセッションなど、業績にかかわらず株価が下がる時も、投資のチャンスです。これらの状況では、良い株も悪い株も等しく下がるため、絶望・悲観は大バーゲンセールとなるのです。

【Amazon 週足チャート】

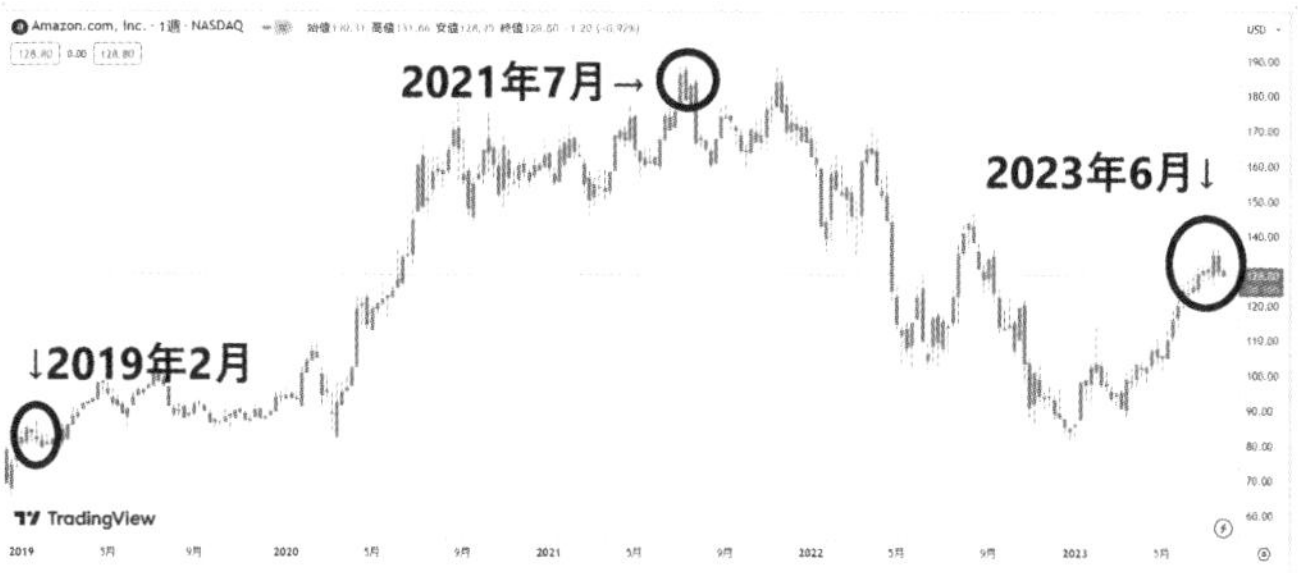

出典:TradingView

上の図はAmazonのコロナ禍でのチャートの変化です。

2019年2月時点では90ドルを切っていた株価が、2021年7月には巣ごもり需要なども寄与し、180ドルを超える場面もありました。その後、コロナバブルの終焉による下落も見られましたが、2023年6月末には130ドルを超えています。

新型コロナウイルス感染症の蔓延などの悲観的なニュースに流されずに、投資のチャンスと考えましょう。

・基本メンタル2 「富＝収入－見栄」

基本メンタル2は「富＝収入－見栄」という考え方です。この考え方は、真の富を築くために重要なメンタルです。また、見栄を張ることが富を得る上でのリスクであるという考え方についても、解説します。

見栄を張るとは、具体的にはどういうことでしょうか。それは、自分が本当に必要としていないもの、自分の生活を本質的に豊かにしないものにお金を使うことを指します。

例えば、本当に必要としていない高級車を買ったり、人によく思われるために高級時計を買ったりすることです。これらの行為は、一見、自己の価値を高めるように見えますが、実際には富を築く上での大きな障害となります。

見栄を張ることで寄ってくる人々は、あなた自身を尊敬し、賞賛しているのではなく、あなたの物質的な富に引き寄せられている可能性が高いのです。こうして集まってきた人々は、あなたが見栄を張ることをやめた時、離れていくでしょう。見栄を張ることは、真の人間関係を築く上でも障害となります。

また、高級車や高級時計などの高価な品物は、それ自体がお金を生み出すものではありません。自購入によって一時的な満足感を得られますが、長期的な富を築くための投資にはなりません。

己顕示欲のためにお金を使うことは、そうした満足感を得るための消費であり、そのお金は二度と戻ってきません。

一方、真の富裕層は、お金を生み出さないものには投資しません。彼らは、株や不動産など、価値が増す可能性のあるものにお金を使います。そうすることで、一時的な満足感ではなく、長期的な富を生み出します。

結論として、高級時計や高級車などの高価な品物を購入するのではなく、その資金を投資に回すことで、真の富を築くことが可能です。死ぬ時に自分が望む状態になるため、また、現在よりもより良い状態になるための考え方です。

具体的な例を挙げてみましょう。仮にあなたが人によく思われるために100万円の高級時計を購入したとします。そうすると、通常その時計の価値は時間とともに減少していきます。

しかし、100万円を株や不動産に投資すると、その価値は時間とともに増加する可能性があります。これが、「富＝収入－見栄」という考え方の具体的な意味です。

【時間の経過による高級時計・投資の価値の推移】

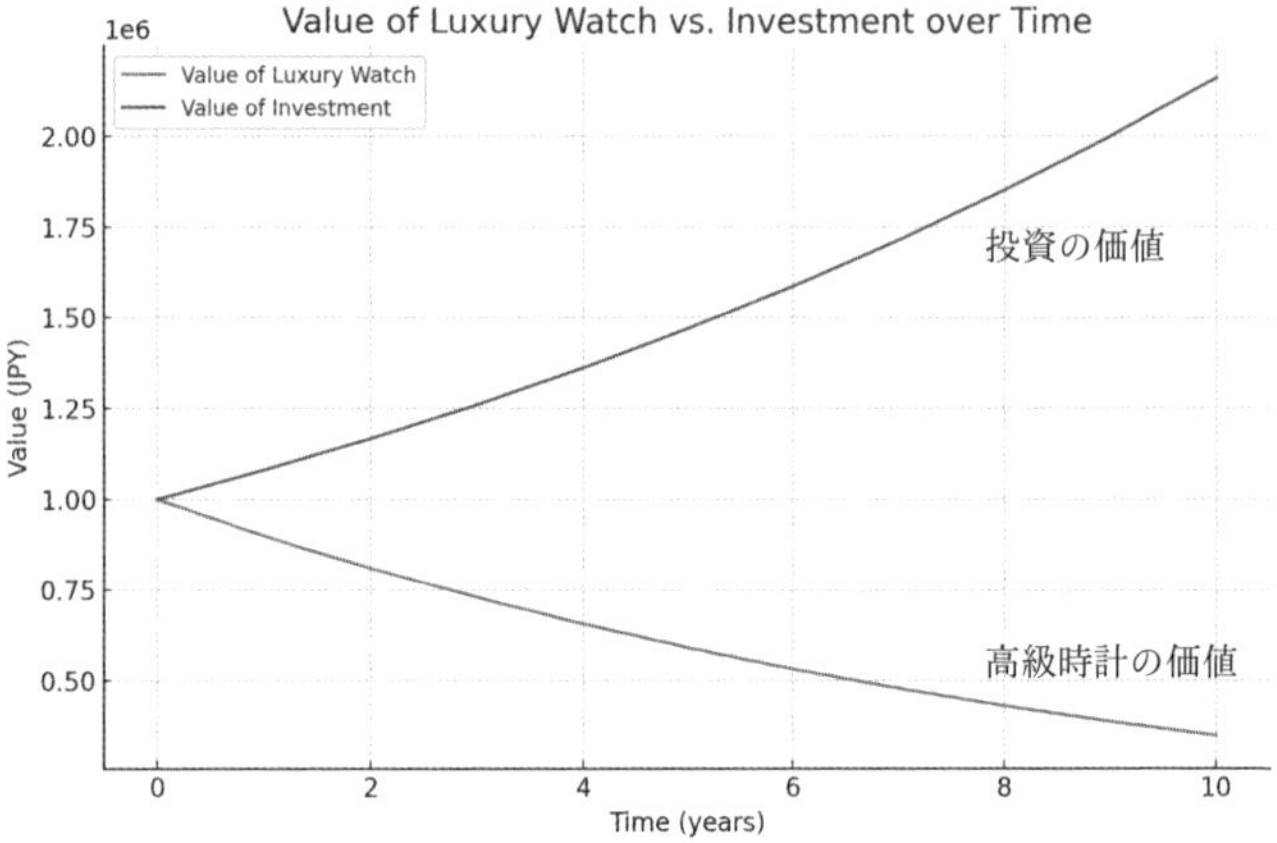
Value of Luxury Watch vs. Investment over Time
1e6
Value of Luxury Watch
Value of Investment
2.00
1.75
1.50
1.25
1.00
0.75
0.50
Value (JPY)
投資の価値
高級時計の価値
0
2
4
6
8
10
Time (years)

※編集部にて作成

上のグラフは高級時計の価値(下降している線)と投資の価値(上昇している線)が時間とともにどのように変化するかを示しています。

横軸「Time(years)」は時間(年)を表し、縦軸「Value(JPY)」は価値を表しています。

ただし、この数値は一例であり、現実の状況は投資のリスクや市場状況により大きく変わることをご了承ください。

この考え方を実践することで、あなたは見栄を張ることなく、真の富を築き上げるために一歩前進できるでしょう。そして、その富はあなた自身の生活を豊かにし、真の尊敬と賞賛を受ける人間関係を築くための基盤となります。

・基本メンタル3　リスクは投資期間の長さと反比例する

基本メンタル3は、リスクは投資期間の長さと反比例するという考え方です。この思考は投資家のメンタルを形成する上で重要な要素になります。

投資家がどれだけの時間を投資に費やすかによって、リスクは変動します。投資の世界においては非常に一般的であり、多くの成功した投資家がこの考え方を実践しています。ここでは、具体例を交えながら、解説していきます。

この考え方の背後には、投資のリスクとリターンの関係があります。一般的に、リスクはリターンと正比例します。

つまり、リスクを取れば取るほど、リターンも大きくなる傾向にあります。

しかし、この関係性は短期的な視点で見た場合の話です。長期的な視点で見ると、リスクはリターンと反比例することが多いのです。

そのため投資にかける時間が長くなると、リスクは軽減され、投資家は大きなリターンを獲得しやすくなります。

例えば、30年間にわたって一貫して投資を行った場合、1つの有望な銘柄が100倍以上に成長することもあります。これは、企業の成長とともに、その株価も上昇するためです。

Coca-Colaのような企業を例に取ると、初期の投資額を配当だけで回収することが可能です。これは、企業の成長とともに増配が行われる傾向にあるためです。

また、投資のリスクを分散させるためには、一度に大量購入するのではなく、時間をかけて分散して購入することが重要です。これにより、市場の変動によるリスクを軽減することができます。この手法は第4章で解説した「ドルコスト平均法」ですね。

一定の金額を定期的に投資することで、株価の上下によるリスクを軽減できます。

成功した投資家の中には、ウォーレン・バフェット氏のように、65歳以降に築き上げた資産が全資産の95%以上を占めるという例もあります。バフェット氏は10歳で投資を始めたため、もし彼が60歳でやめていた場合は現在の富の90%以上を棒に振ったことになります。

【毎月の投資による長期的な価値の推移】

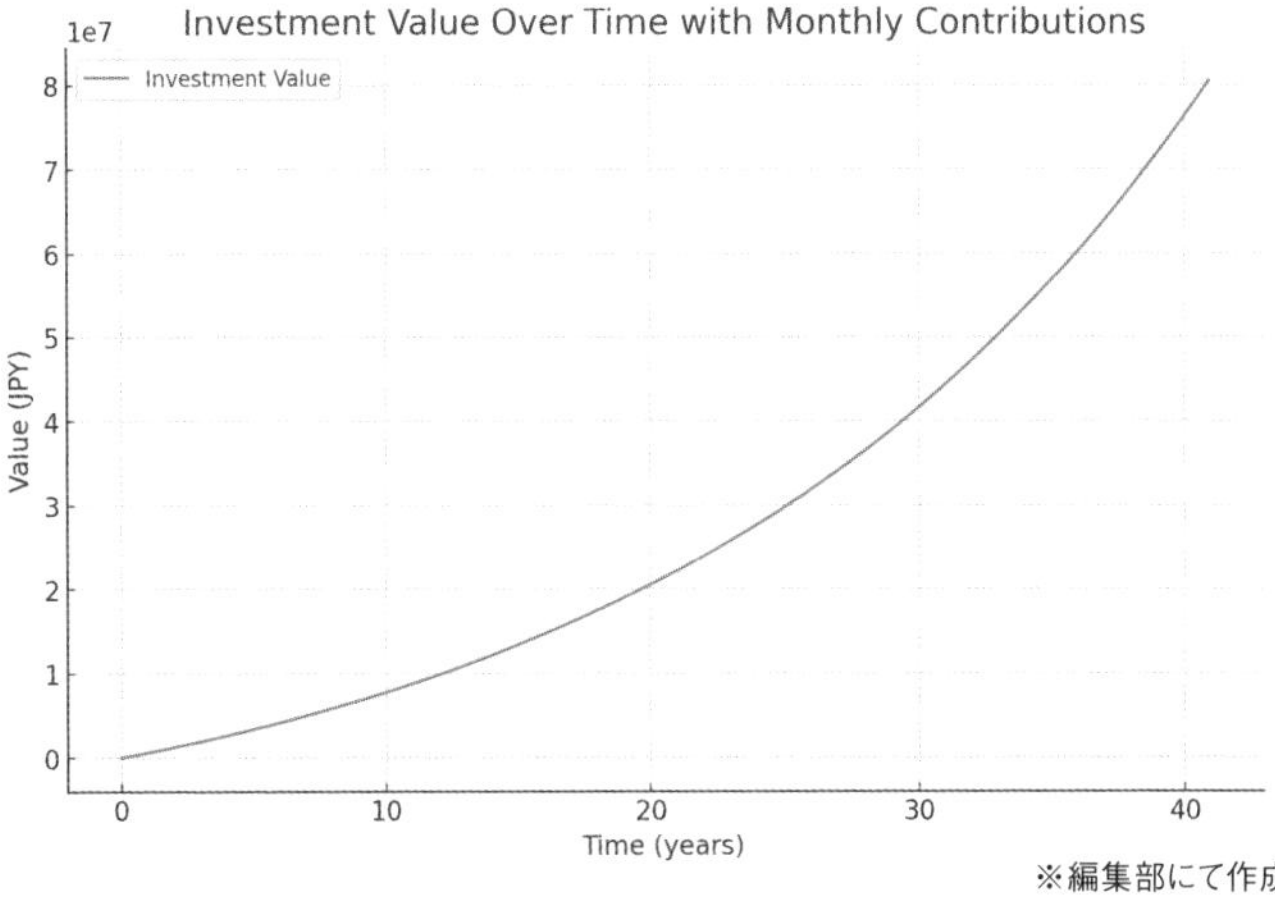
Investment Value Over Time with Monthly Contributions
1e7
Investment Value
Value (JPY)
Time (years)
0
1
2
3
4
5
6
7
8
10
20
30
40

※編集部にて作成

この実例は長期的な視点で投資を行い、時間を味方につけることの重要性を示しています。バフェット氏は、自分の投資の成功を「複利の力」と「時間」によるものだと述べています。彼の成功は、一夜にして得られたものではなく、長い時間をかけてコツコツと資産を増やしてきた結果です。

今度は具体的な資産運用の事例を挙げてみます。ある投資家が、毎月5万円を投資に回すことを決定したとしましょう。当初の段階では、その投資から得られるリターンは少ないかもしれません。しかし、毎月5万円の投資をコツコツと続けることで、その利益は上の図のように段々と増えていきます。

仮に想定利回り（年率）を5％とした場合、10年後にはその総額は776万4114円、20年後には2055万1684円にまで増えると予測されます。

そして、30年、40年といった長期間にわたって投資を続けることで、投資家は大きな富を築くことができるのです。30年後にはその総額はなんと4161万2932円となり、初期の投資額と比較して非常に大きな富となります。

結論として、私たちは未来に向けて、少しでも長く投資を続けることが大切なのです。これはリスクを管理し、長期的な視点で富を築くための基本的なメンタルです。

このメンタルを持つことで、投資家は市場の短期的な変動に動揺することなく、自分の投資戦略を続けることができます。

第9章

ChatGPTの具体的な活用方法

ChatGPTの基本的な使い方

ＣｈａｔＧＰＴは、その高度な言語処理能力により、多くの人々に利用されています。しかし、その機能を最大限に活用するためには、基本的な使い方を理解することが不可欠です。この章では、ＣｈａｔＧＰＴの基本的な使い方について詳しく解説します。

ＣｈａｔＧＰＴはＯｐｅｎＡＩの公式ウェブサイトを通じて、アクセスすることができます。初めて利用する場合はＯｐｅｎＡＩのアカウントが必要ですが、無料でも使い始めることができます。有料プランを選択すると、より精度の高いモデルであるＧＰＴ-４や、プラグインの利用が可能になります。

ログインするとテキスト入力ボックスが表示されるので、そこに質問や指示を入力することでＣｈａｔＧＰＴとの対話が始まります。

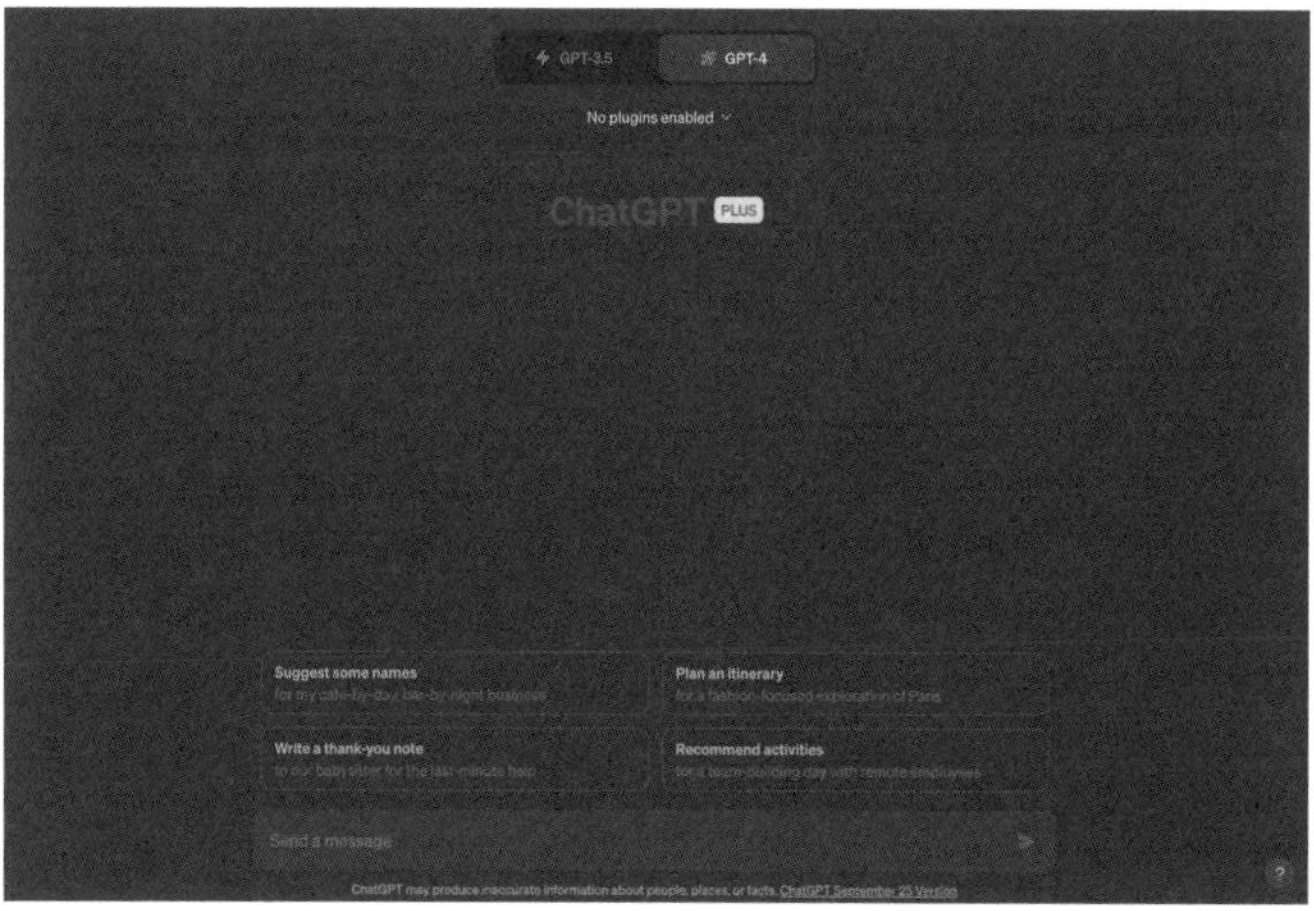

出典:ChatGPT(https://chat.openai.com/)
※以下、本章および第10章の画像はすべてChatGPTより使用

ChatGPTの使い方を覚えるためには、シンプルな質問から始めてみることをおすすめします。例えば「今日の天気は？」や「リンゴの栄養成分は？」などの基本的な質問を入力して、その回答の質を確認することができます。

ChatGPTは、入力されたテキストに基づいて回答を生成するため、あいまいな指示や質問では期待する回答を得ることが難しく、具体的で明確な指示を与えると、より正確な回答を得ることができます。

例えば、「日本の歴史について教えて」という質問よりも「日本の戦国時代の主要な武将につい

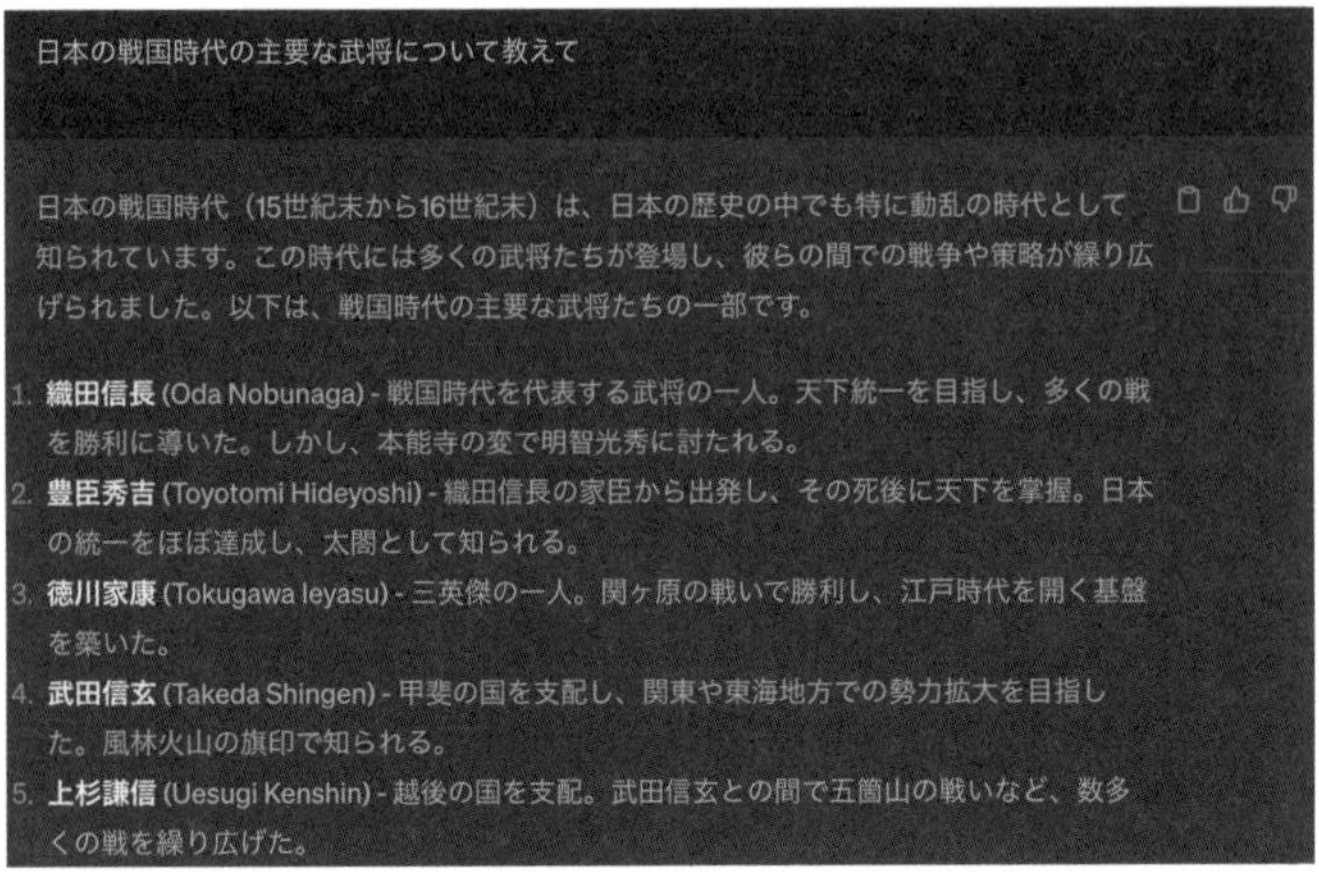

日本の戦国時代の主要な武将について教えて

日本の戦国時代（15世紀末から16世紀末）は、日本の歴史の中でも特に動乱の時代として知られています。この時代には多くの武将たちが登場し、彼らの間での戦争や策略が繰り広げられました。以下は、戦国時代の主要な武将たちの一部です。

1. **織田信長** (Oda Nobunaga) - 戦国時代を代表する武将の一人。天下統一を目指し、多くの戦を勝利に導いた。しかし、本能寺の変で明智光秀に討たれる。
2. **豊臣秀吉** (Toyotomi Hideyoshi) - 織田信長の家臣から出発し、その死後に天下を掌握。日本の統一をほぼ達成し、太閤として知られる。
3. **徳川家康** (Tokugawa Ieyasu) - 三英傑の一人。関ヶ原の戦いで勝利し、江戸時代を開く基盤を築いた。
4. **武田信玄** (Takeda Shingen) - 甲斐の国を支配し、関東や東海地方での勢力拡大を目指した。風林火山の旗印で知られる。
5. **上杉謙信** (Uesugi Kenshin) - 越後の国を支配。武田信玄との間で五箇山の戦いなど、数多くの戦を繰り広げた。

て教えて」という質問の方が、具体的で詳細な回答を得ることができます。

時には、不正確な情報や意図しない回答が提供されることがありますが、そのような場合は改めて掘り下げて質問したり、フィードバックを行ったりすることで、回答の質を向上させることができます。

まずは実際にChatGPTに触れてみることが大事なので、簡単な質問を繰り返しながらChatGPTに慣れてみてください。

もちろん、株式投資に関する質問も可能で、例えば「バリュー投資とグロース投資の主な違いとそれぞれの戦略の特徴について、具体的な例を交えて詳しく説明してください。」という質問をすると、次ページのような回答が得られます。

バリュー投資とグロース投資の主な違いとそれぞれの戦略の特徴について、具体的な例を交えて詳しく説明してください。

バリュー投資とグロース投資は、株式投資のアプローチの中でよく知られる2つの主要な戦略です。以下に、それぞれの戦略の特徴と主な違い、具体的な例を交えて説明します。

バリュー投資

特徴:

1. **適正価格以下で取引されている株の探求**: バリュー投資家は、現在の市場価格がその実際の価値（内在価値）よりも低いと判断される株を探します。
2. **基本的な分析**: 企業の財務諸表や業績、業界の状況などを深く分析し、企業の真の価値を評価します。
3. **長期的な視点**: バリュー投資家は、市場がその企業の真の価値を正しく評価するのを待つことができる長期的な視点を持っています。

具体的な例:
ウォーレン・バフェットは、バリュー投資の代表的な投資家として知られています。彼は、Coca-ColaやAmerican Expressなど、堅実な業績を持つ企業の株を長期保有することで巨額の資産を築き上げました。

グロース投資

特徴:

1. **高い成長率**: グロース投資家は、将来的に高い成長が期待される企業の株を探します。これは、売上や利益の成長率が高い企業や、急成長する市場や業界に位置する企業を意味します。
2. **将来の収益性の期待**: 現在の収益性よりも、将来の収益性や市場の潜在的な拡大を重視します。
3. **比較的高いバリュエーション**: 成長が期待される企業の株は、現在の収益や資産に基づく評価よりも高い場合が多いです。

具体的な例:
テクノロジー企業の株は、グロース投資の典型的なターゲットとなることが多いです。例えば、AppleやAmazon、Facebook（現Meta）などの企業は、その成長の初期段階でグロース投資家の注目を集めました。

主な違い

1. **投資の対象**: バリュー投資は「割安」と判断される株を、グロース投資は「高成長」が期待される株を対象とします。
2. **評価の基準**: バリュー投資は現在の価値を、グロース投資は将来の成長を重視します。
3. **リスクとリターン**: バリュー投資は安定したリターンを求める傾向があり、グロース投資は高いリターンを求める代わりに高いリスクを受け入れる傾向があります。

ＣｈａｔＧＰＴはリアルタイムの情報を取得することができないため、株価などについての情報は得られませんが、用語説明や過去のデータを基にしたものであれば非常に精度の高い回答を得ることができます。

過去のデータを基にする質問の例では「中央銀行の金融政策や経済指標（例：ＧＤＰ、失業率、インフレ率）が株式市場に与える影響について、具体的な過去の事例を交えて詳しく説明してください。」と質問すると次ページのような過去の事例を踏まえた回答が提供されます。

このようにＣｈａｔＧＰＴを活用することで、自分が得たい情報に対して非常に精度の高い回答を得ることができます。これまでは得たい情報があったらＧｏｏｇｌｅなどの検索エンジンで検索するのが当たり前でしたが、これからは回答に直接辿り着けるＣｈａｔＧＰＴへの質問がスタンダードになっていくでしょう。

今後は検索エンジンが淘汰され、何かを調べる際にはＣｈａｔＧＰＴなどのＡＩに聞くのが一般的になっていくことが想定されます。

中央銀行の金融政策や経済指標（例：GDP、失業率、インフレ率）が株式市場に与える影響について、具体的な過去の事例を交えて詳しく説明してください。

中央銀行の金融政策や経済指標は、株式市場に大きな影響を与える要因として知られています。以下に、これらの要因が株式市場に与える影響と具体的な過去の事例を交えて説明します。

1. 中央銀行の金融政策

中央銀行は、金利の調整や資金供給を通じて、経済の安定や成長を目指します。

影響:

* **金利の低下**: 金利が低下すると、企業の資金調達コストが低くなり、消費者の借入や消費が促進される。これにより、企業の業績や株価が上昇する可能性がある。
* **量的緩和**: 中央銀行が大量の資金を市場に供給すると、資金が株式市場に流入し、株価が上昇する可能性がある。

事例:
2008年の金融危機後、アメリカの連邦準備制度（FRB）は金利をほぼゼロに近づけ、量的緩和政策を導入しました。これにより、株式市場は大きく回復しました。

2. 経済指標

経済指標は、経済の健全性や成長の方向性を示すものとして、投資家によって注視されます。

影響:

* **GDPの成長**: GDPが成長すると、経済の活況を示すため、企業の業績や株価が上昇する可能性がある。
* **失業率の低下**: 失業率が低下すると、消費が増加し、企業の業績が向上する可能性がある。
* **インフレ率の上昇**: インフレが進行すると、中央銀行が金利を引き上げる可能性があり、これが株価にネガティブな影響を与える可能性がある。

事例:
1990年代後半のアメリカでは、技術革新やインターネットの普及により、GDPが持続的に成長し、失業率が低下しました。この結果、株式市場はバブルを形成し、特にテクノロジー関連の株が急騰しました（ドットコムバブル）。

しかし、2000年にバブルが崩壊し、多くのテクノロジー企業の株価が大きく下落しました。

以上のように、中央銀行の金融政策や経済指標は、株式市場に大きな影響を与える要因として知られています。投資を行う際には、これらの要因を十分に理解し、市場の動向やリスクを適切に評価することが重要です。

日常的にChatGPTを使うことで徐々に使い方を理解することができるので、まずはこれまで検索エンジンで調べていたことをChatGPTに聞くということを試してみてください。

・ChatGPTのプラグインとは

ChatGPTの「プラグイン」とは、ChatGPTの基本的な機能を大幅に拡張することができるツールです。プラグインを使用することで、ChatGPTはさまざまなタスクや機能を実行することができるようになります。

例えば、前述したように現在のChatGPTはリアルタイムの情報を取得することができないのですが、「WebPilot」というプラグインを使用することで、ウェブサイトの情報を取得したり、最新の情報を検索したりすることができるようになります。このようなプラグインを使用することで、ChatGPTは単なるテキストベースの応答だけでなく、外部の情報源からのデータを取得して回答することが可能となります。

また、株式投資に特化したプラグインも数多く用意されており、プラグインを活用することでリアルタイムの株価情報を取得したり、過去のデータ分析にも基づいた投資戦略を提案してもらったりすることなどもできるようになります。

プラグインによってＣｈａｔＧＰＴは劇的に進化を遂げ、まったく別物のツールへと変わります。

株式投資においてもプラグインを活用することは必須となるので、必ず一度は体験してみることをおすすめします。

次章で株式投資に活用できるプラグインを紹介するので、ぜひ使ってみてください。

・ChatGPTでプラグインを使用する方法

それでは、ＣｈａｔＧＰＴでプラグインを使用する方法について解説します。

まず、ＣｈａｔＧＰＴのプラグインはＧＰＴ‐４でしか使用できないため、月20ドルのＣｈａｔＧＰＴ Ｐｌｕｓに加入する必要があります（２０２３年10月現在）。

ＣｈａｔＧＰＴ Ｐｌｕｓに加入すると、ＧＰＴ‐４を使用できるだけではなく、株式投資に効果的なプラグインも使用できるようになるので、ぜひ先行投資として加入してみてください。

現状ですと、ChatGPT Plusに加入していない場合はGPT-4を使用できず、プラグインも使うことができないのでご注意ください。

ChatGPT Plusへの加入が完了したら、まずはプラグインを使用する準備を行っていきます。

ChatGPTの画面左下に自分の名前とアイコンが表示されますが、その右にある「…」マークをクリックしてください。するとメニューが開かれるので、「Settings&Beta」をクリックします。

「Beta features」のメニューをクリックし、

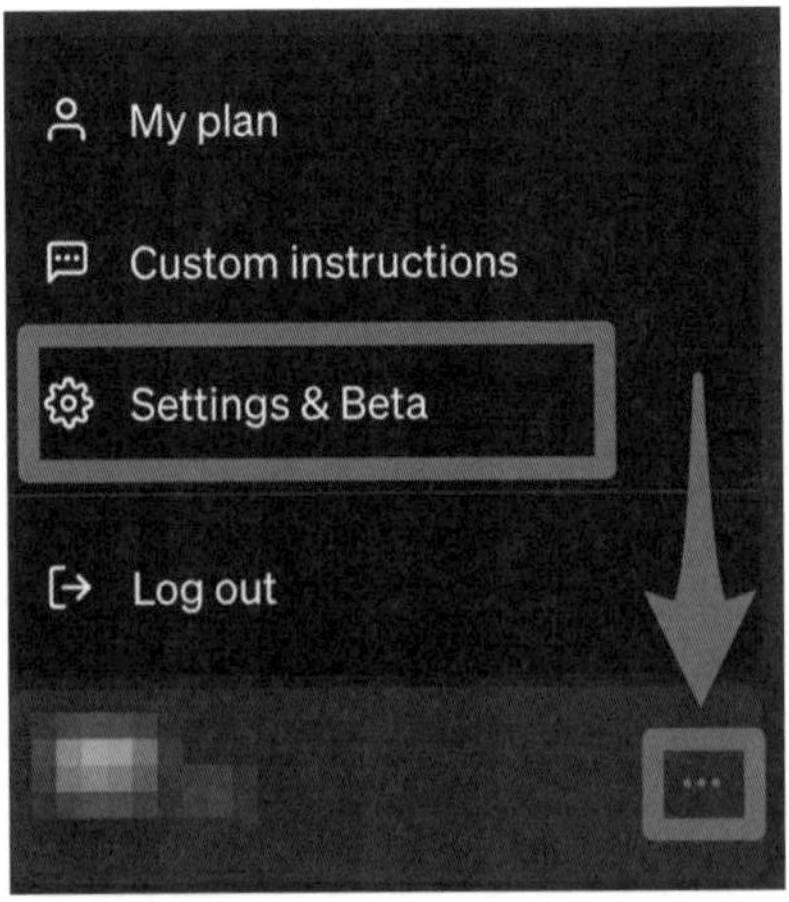

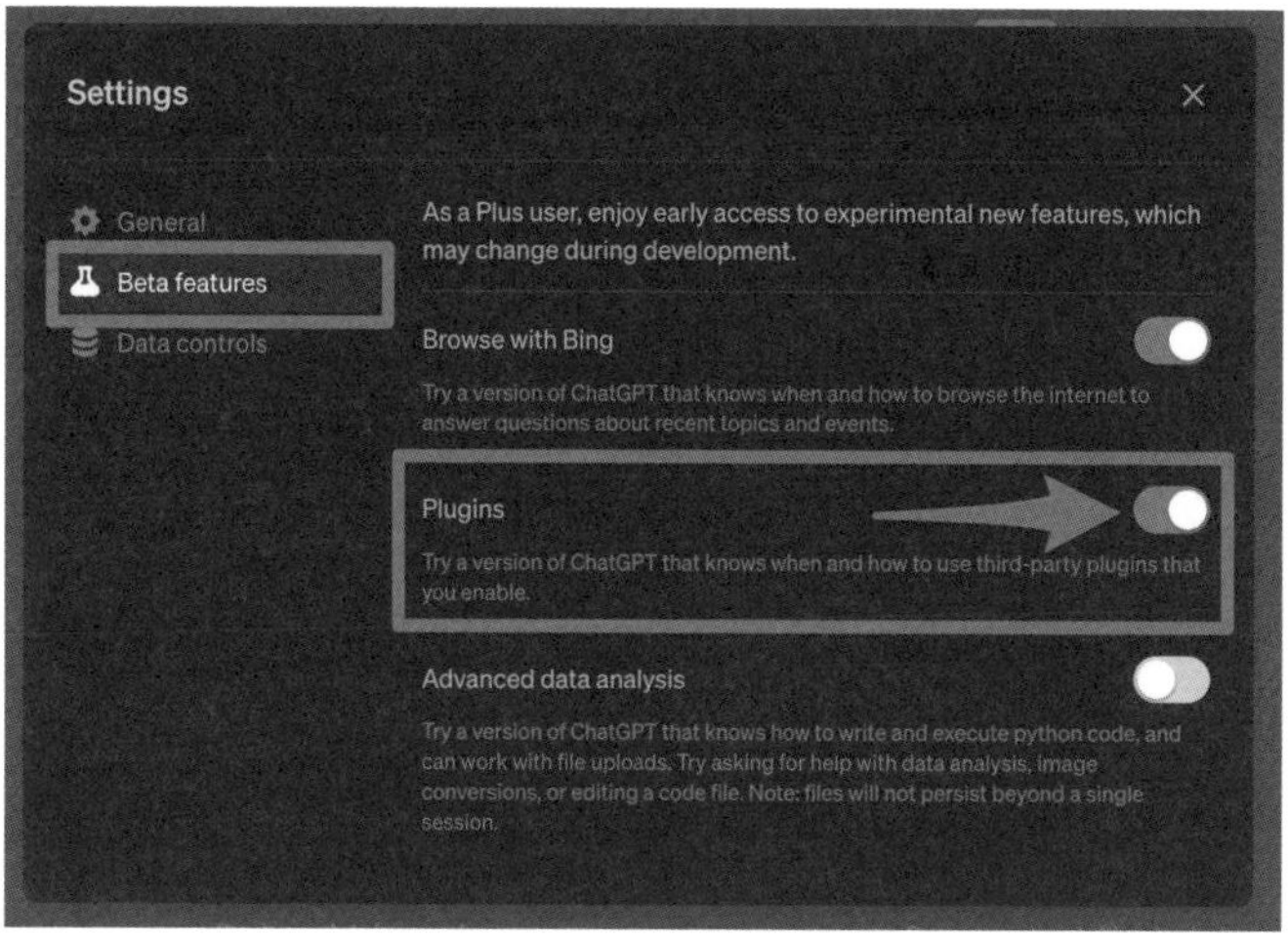

「Plugins」のバーが緑になっているかをご確認ください。

白になっている場合は一度、バーをクリックして緑にすることでプラグインを使用できるようになります。

これでプラグインを使用する準備はできましたので、続いてプラグインのインストールを行っていきます。

プラグインはGPT-4でないと使用することができないので、まずは「GPT-4」が選択されているかを確認してください。

「GPT-4」が選択されていると「No plugins enabled」という文字が表示されるので、こちらをクリックします。

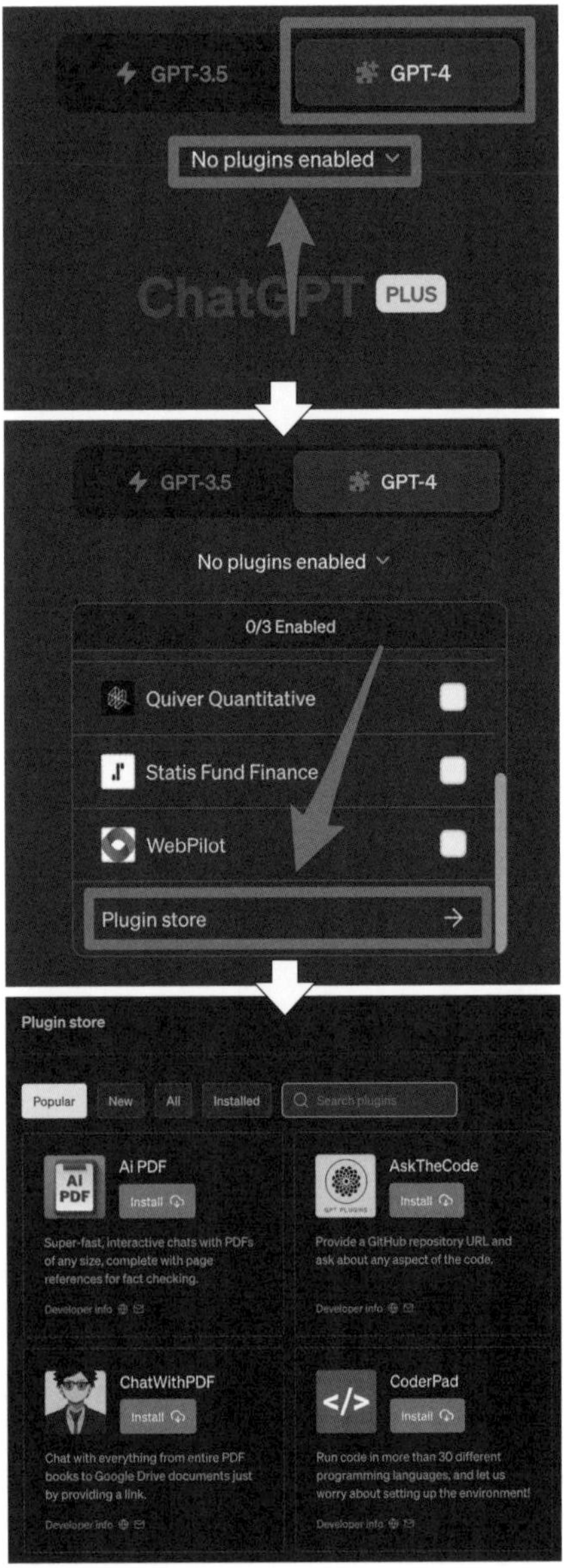
GPT-3.5
GPT-4
No plugins enabled
ChatGPT PLUS
GPT-3.5
GPT-4
No plugins enabled
0/3 Enabled
Quiver Quantitative
Statis Fund Finance
WebPilot
Plugin store
Plugin store
Popular
New
All
Installed
Search plugins
Ai PDF
Install
Super-fast, interactive chats with PDFs of any size, complete with page references for fact checking.
Developer info
AskTheCode
Install
Provide a GitHub repository URL and ask about any aspect of the code.
Developer info
ChatWithPDF
Install
Chat with everything from entire PDF books to Google Drive documents just by providing a link.
Developer info
CoderPad
Install
Run code in more than 30 different programming languages, and let us worry about setting up the environment!
Developer info

クリックすると下にメニューが開かれ、「Plugin store」という欄が表示されるので、こちらをクリックしてください。すると「Plugin store」が開かれ、ここからさまざまなプラグインをインストールできます。

インストールしたいプラグインが見つかったら「Install」をクリックすることで、そのプラグインを使用することができるようになります。

今回は前述した「Boolio Invest」というプラグインをインストールしてみます。

検索窓に「Boolio Invest」と入力するとプラグインが表示されるので、「Install」をクリックします。

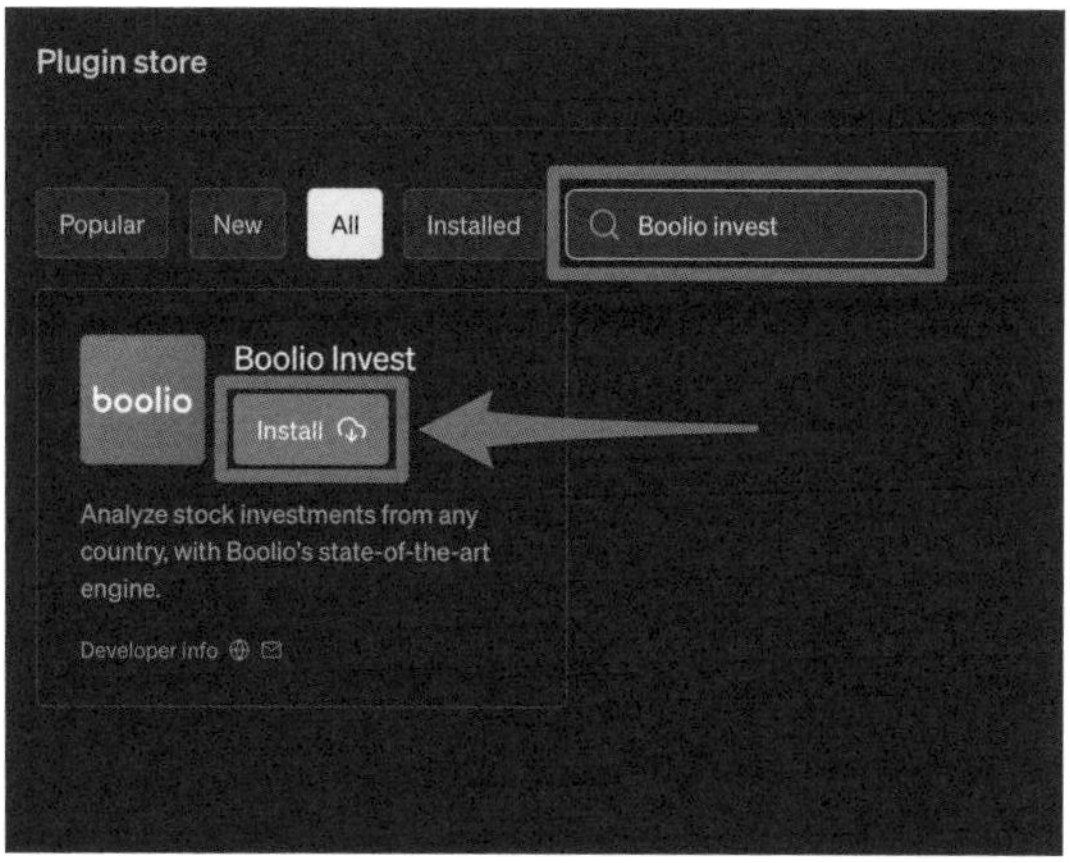

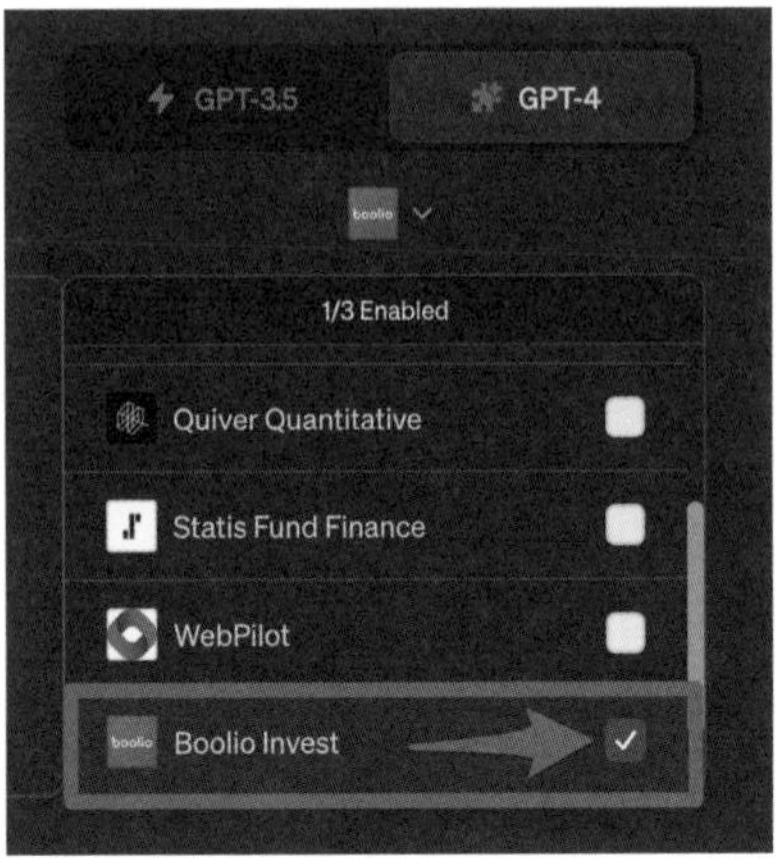

こちらで「Ｂｏｏｌｉｏ Ｉｎｖｅｓｔ」のインストールは完了です。

プラグインの欄に「Ｂｏｏｌｉｏ Ｉｎｖｅｓｔ」が追加され、チェックボックスにチェックが入っていればプラグインを使用することが可能になります。

この状態でChatGPTにプロンプトを打ち込むと、「Ｂｏｏｌｉｏ Ｉｎｖｅｓｔ」を使用した回答を得ることができます。

第10章

株式投資に活用できる優良プラグイン5選

前章でＣｈａｔＧＰＴにプラグインを導入する方法を解説しましたが、ここでは株式投資に効果的なプラグインを具体的に紹介していきます。

プラグインを使うことで、投資判断の材料となる情報をこれまでとは比べ物にならないほど、スムーズにリサーチすることができます。

これまで数時間かけて調べていた情報をものの数秒で知ることも可能になるので、プラグインを活用しない手はありません。

株式投資に活用できるプラグインはさまざまなものがありますが、特に優れていると感じたプラグインを厳選してご紹介しますので、ぜひご活用ください。

1.「WebPilot」

まずはリアルタイムの情報を取得することができるプラグイン「ＷｅｂＰｉｌｏｔ」です。

前述したように、ＣｈａｔＧＰＴは通常だとリアルタイムの情報を取得することができないので、株価や最新のニュースなどの情報を得ることはできません。

しかし、「WebPilot」を使用することでChatGPTがウェブ上の情報にもアクセスすることができるようになり、最新情報も取得することができます。

例えば、何もプラグインを使用していない状態で「Appleの現在の株価を教えてください。」と質問しても、データを提供することができないと回答されます。

しかし、「WebPilot」を使用して、同じ質問を行うとウェブ上の情報を参照して、現在の株価を正確に教えてくれます。

また、ウェブサイトのURLをChatGPTに提供することで、そのページの文章を要約したり、指定したサイトの情報をもとに回答を得

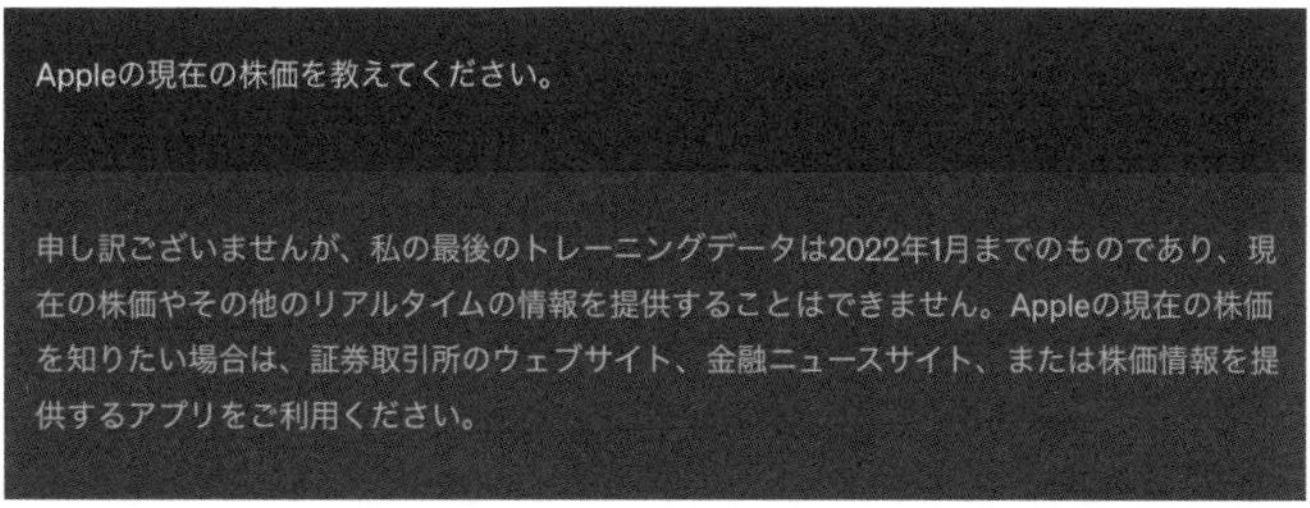
Appleの現在の株価を教えてください。
申し訳ございませんが、私の最後のトレーニングデータは2022年1月までのものであり、現在の株価やその他のリアルタイムの情報を提供することはできません。Appleの現在の株価を知りたい場合は、証券取引所のウェブサイト、金融ニュースサイト、または株価情報を提供するアプリをご利用ください。

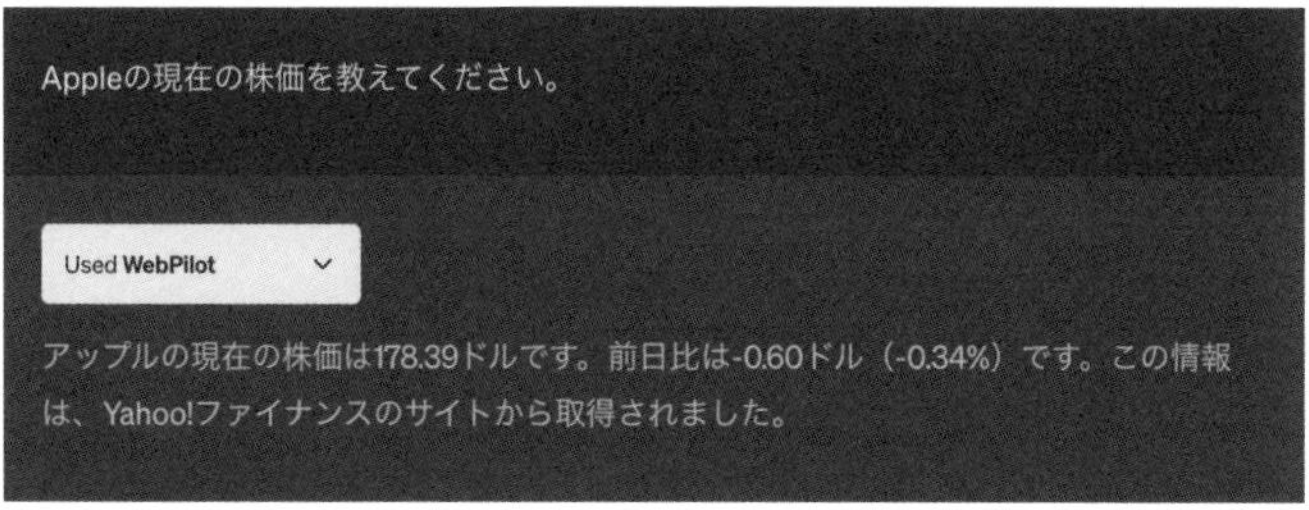
Appleの現在の株価を教えてください。
Used WebPilot
アップルの現在の株価は178.39ドルです。前日比は-0.60ドル（-0.34%）です。この情報は、Yahoo!ファイナンスのサイトから取得されました。

たりすることも可能です。

例えば、海外のニュースサイトから最新情報を得たいという場合、その記事のURLを提供して「記事の内容を要約してください」と入力すると、瞬時に翻訳され、分かりやすくまとまった状態で情報を得ることができます。


株価の情報が記載されているサイトやページのURLを提供すると、そこから株価の上昇率の高い銘柄をピックアップする

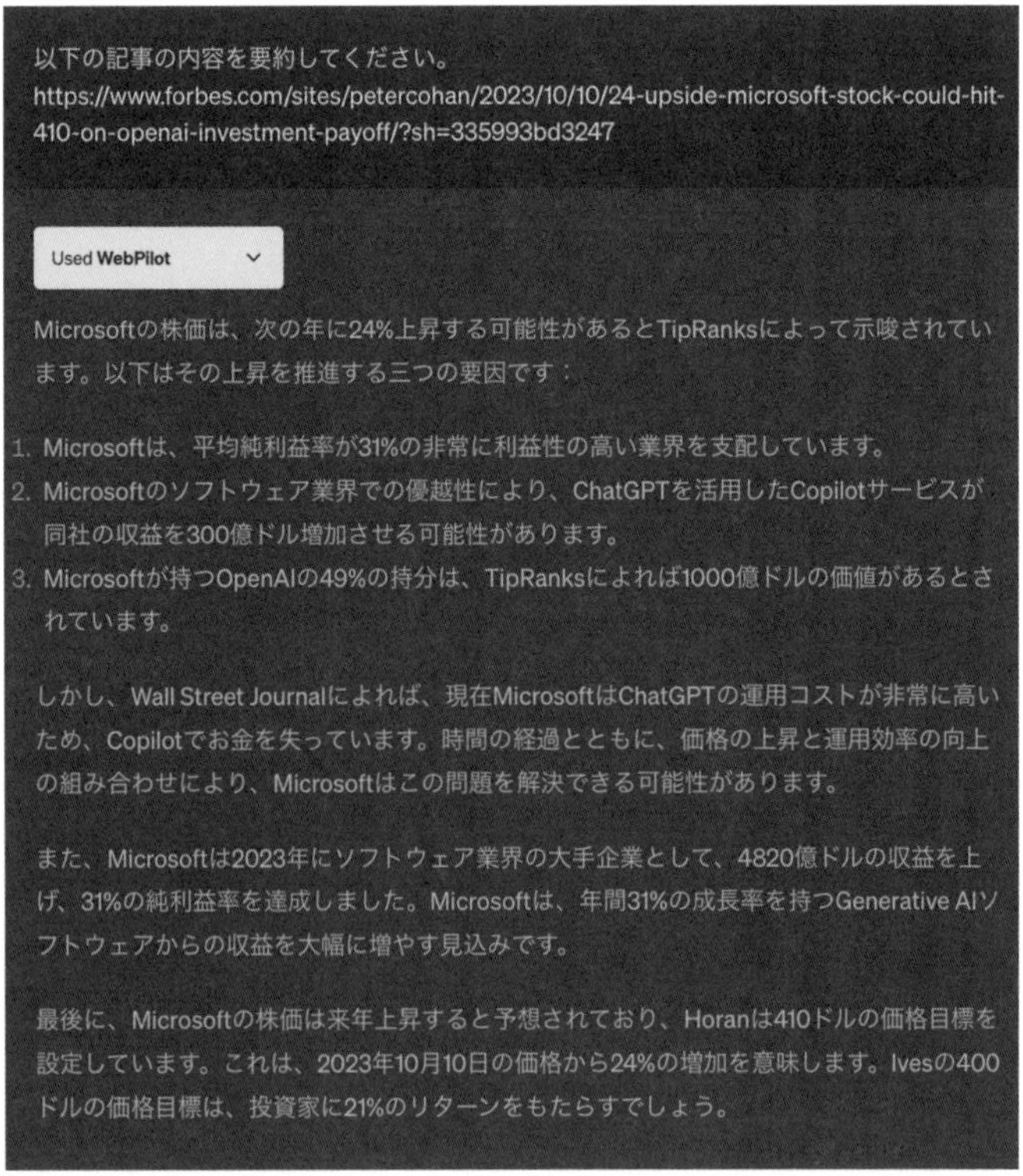

以下の記事の内容を要約してください。
https://www.forbes.com/sites/petercohan/2023/10/10/24-upside-microsoft-stock-could-hit-410-on-openai-investment-payoff/?sh=335993bd3247
Used WebPilot
Microsoftの株価は、次の年に24%上昇する可能性があるとTipRanksによって示唆されています。以下はその上昇を推進する三つの要因です：
1. Microsoftは、平均純利益率が31%の非常に利益性の高い業界を支配しています。
2. Microsoftのソフトウェア業界での優越性により、ChatGPTを活用したCopilotサービスが同社の収益を300億ドル増加させる可能性があります。
3. Microsoftが持つOpenAIの49%の持分は、TipRanksによれば1000億ドルの価値があるとされています。
しかし、Wall Street Journalによれば、現在MicrosoftはChatGPTの運用コストが非常に高いため、Copilotでお金を失っています。時間の経過とともに、価格の上昇と運用効率の向上の組み合わせにより、Microsoftはこの問題を解決できる可能性があります。

また、Microsoftは2023年にソフトウェア業界の大手企業として、4820億ドルの収益を上げ、31%の純利益率を達成しました。Microsoftは、年間31%の成長率を持つGenerative AIソフトウェアからの収益を大幅に増やす見込みです。

最後に、Microsoftの株価は来年上昇すると予想されており、Horanは410ドルの価格目標を設定しています。これは、2023年10月10日の価格から24%の増加を意味します。Ivesの400ドルの価格目標は、投資家に21%のリターンをもたらすでしょう。

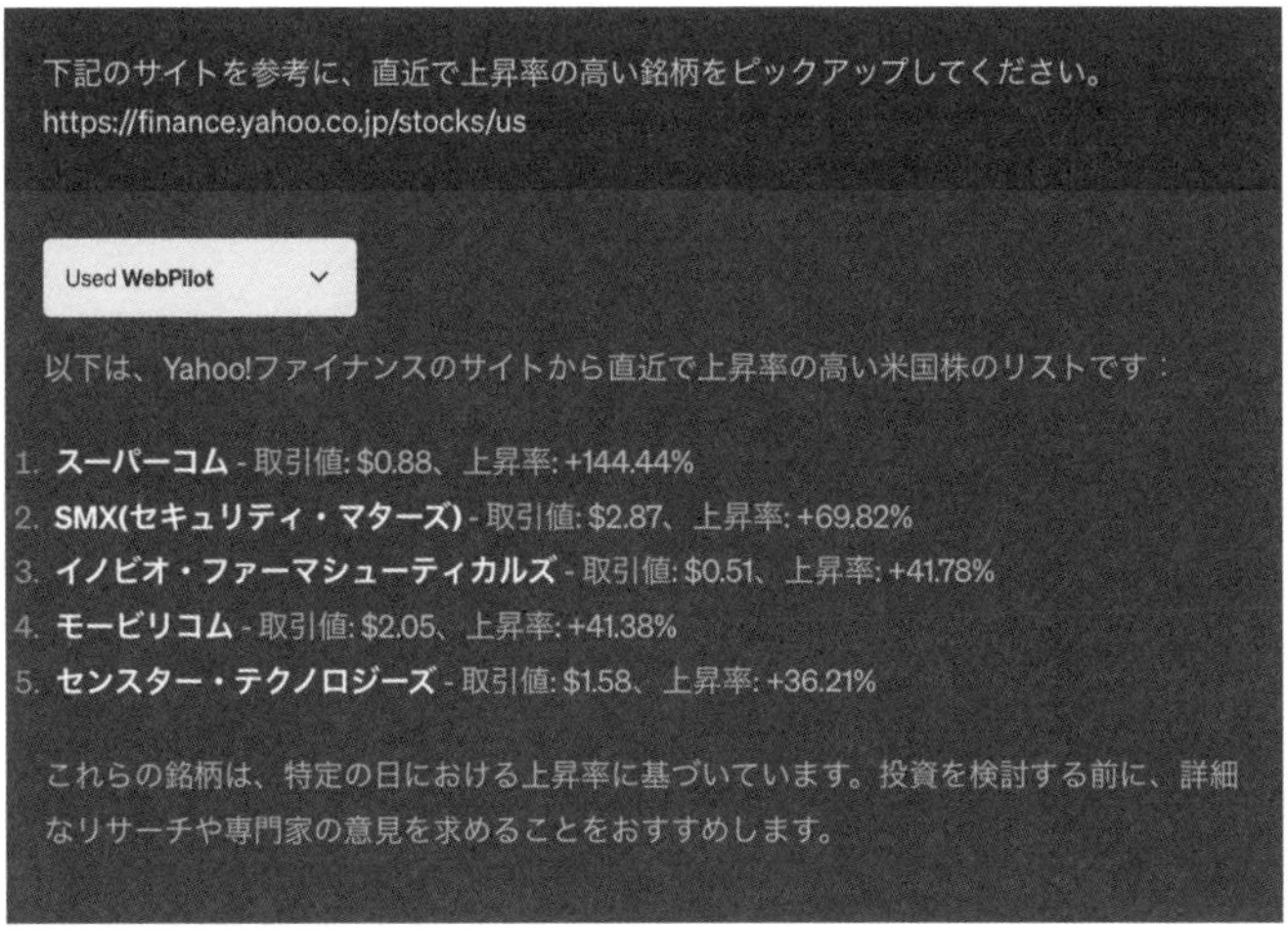
下記のサイトを参考に、直近で上昇率の高い銘柄をピックアップしてください。
https://finance.yahoo.co.jp/stocks/us

Used **WebPilot**

以下は、Yahoo!ファイナンスのサイトから直近で上昇率の高い米国株のリストです：

1. **スーパーコム** - 取引値: $0.88、上昇率: +144.44%
2. **SMX(セキュリティ・マターズ)** - 取引値: $2.87、上昇率: +69.82%
3. **イノビオ・ファーマシューティカルズ** - 取引値: $0.51、上昇率: +41.78%
4. **モービリコム** - 取引値: $2.05、上昇率: +41.38%
5. **センスター・テクノロジーズ** - 取引値: $1.58、上昇率: +36.21%

これらの銘柄は、特定の日における上昇率に基づいています。投資を検討する前に、詳細なリサーチや専門家の意見を求めることをおすすめします。

ことなどもできます。

株式投資に限らず、さまざまなリサーチを行う際にリアルタイムの情報が必要になるケースは多いので、「WebPilot」は必須級のプラグインと言えるでしょう。

非常に汎用性の高いプラグインなので、必ずインストールしておくことをおすすめします。

2. 「Boolio Invest」

続いて、第3章でも簡単に解説した「Boolio Invest」です。

「Boolio Invest」はユーザーが株式市場の動向や特定の銘柄の分析をリアルタイムで取得することを目的として開発されたもので、初心者から経験豊富なトレーダーまで、投資判断を下す際の情報収集をサポートするプラグインです。

世界中の企業の包括的な財務データをもとに、高度な量的分析を行うことができるため、投資スタイルに応じた銘柄のスクリーニングなども可能です。

使用例としては、「Boolio Invest」を使用している状態で「Microsoftの株を分析してください」と入力すると、次ページのような回答を得ることができます。

このように入力した企業の概要や事業内容、セクター、価格のパフォーマンス、アナリストの意見など、包括的な情報を取得することができるため、投資を検討している企業の基本情報を知りたいという場合に非常に効果的です。

Microsoftの株を分析してください

Used Boollo Invest

Microsoft Corporation (MSFT) の株式分析

1. **ビジネスの説明**:
   * Microsoftは技術会社であり、ソフトウェア、サービス、デバイス、ソリューションを開発・サポートしています。
   * 主要なセグメントには、生産性とビジネスプロセス、インテリジェントクラウド、そしてより個人的なコンピューティングが含まれます。
   * 生産性とビジネスプロセスセグメントは、Office、LinkedIn、Dynamicsなどの製品とサービスで構成されています。
   * インテリジェントクラウドセグメントは、Azure、SQL Server、Windows Serverなどのサーバー製品とクラウドサービスで構成されています。
   * より個人的なコンピューティングセグメントは、Windows、デバイス、ゲーム、検索とニュース広告を主に含んでいます。
2. **BoolioScore**: 77.47 (100点中)
3. **業績の説明**:
   * 2023年6月30日終了時点で、Microsoftの収益は7%増加して$211.92Bとなりました。
   * 純利益は1%減少して$72.36Bとなりました。
4. **ビジネスエリア**:
   * ソフトウェアパブリッシャ
   * オンライン情報サービス
   * コンピュータシステムデザインサービス
   * カスタムコンピュータプログラミングサービス
   * その他
5. **セクターの説明**:
   * ソフトウェア: システムおよびアプリケーションソフトウェアの開発とマーケティングに従事する企業で構成されています。
6. **価格関連**:
   * 現在のP/E比: 33.79
   * 1週間の価格リターン: 4.79%
   * 1ヶ月の価格リターン: -2.83%
   * 3ヶ月の価格リターン: -0.83%
   * 6ヶ月の価格リターン: 13.96%
   * YTDの価格リターン: 37.87%
   * 1年の価格リターン: 44.63%
7. **アナリストの意見**:
   * 目標価格: $391.34 (現在の株価: $328.39)
   * 投資の平均評価: 1.71 (1が強く買うを示し、5が強く売るを示す)
8. **評価レポート (残存所得モデル)**:
   * 必要なリターン: 8.66%
   * ケース1: 予想ROEを使用しての固有価格は$114.84、-65.03%の上昇ポテンシャル
   * ケース2: 最大の予想ROEを使用しての固有価格は$250.96、-23.58%の上昇ポテンシャル
   * ケース3: 最小の予想ROEを使用しての固有価格は$86.54、-73.65%の上昇ポテンシャル
   * ケース4: 過去3年間の平均ROEを使用しての固有価格は$137.74、-58.06%の上昇ポテンシャル
9. **過去5年間の価格チャート**:

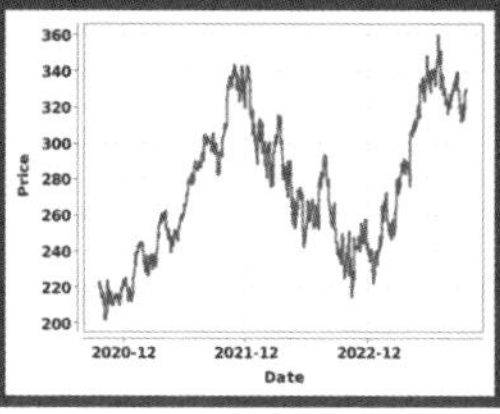

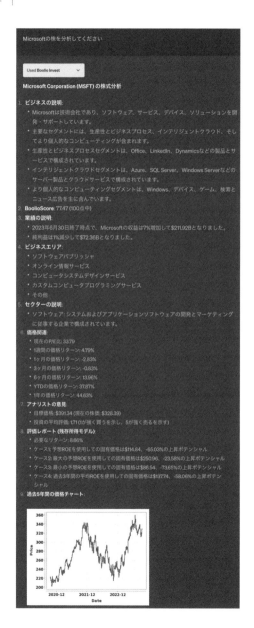

また、個別株だけでなく、セクター単位での指定も可能で、「米国株のエネルギーセクターで直近3年間のパフォーマンスがよい銘柄を教えてください。」と入力すると、次ページのように具体的な銘柄を教えてくれます。

ここで抽出した銘柄をさらに分析することで、より詳細な情報を得ることも可能です。また、具体的な数値の指定も可能で「〇〇セクターでROEが〇%以上の銘柄を教えてくださ い。」と入力すると、条件に合った銘柄をスクリーニングして抽出することができます。

「Boolio Invest」は各銘柄の基本的な情報収集や、スクリーニングを行う際に非常に便利なプラグインとなるので、ぜひ活用してみてください。

米国株のエネルギーセクターで直近3年間のパフォーマンスがよい銘柄を教えてください。

Used **Boolio Invest**

米国のエネルギーセクターで、直近3年間のパフォーマンスが良い銘柄は以下の通りです：

1. **TEXAS PACIFIC LAND TRUST** - シンボル: TPL
2. **AMPLIFY ENERGY CORP** - シンボル: AMPY
3. **CROSSAMERICA PARTNERS LP** - シンボル: CAPL
4. **REX AMERICAN RESOURCES CORPORATION** - シンボル: REX
5. **ARCHROCK INC** - シンボル: AROC
6. **DMC GLOBAL INC** - シンボル: BOOM
7. **DRIL-QUIP INC** - シンボル: DRQ
8. **TXO PARTNERS LP** - シンボル: TXO
9. **SUMMIT MIDSTREAM PARTNERS LP** - シンボル: SMLP
10. **INDONESIA ENERGY CORP LTD** - シンボル: INDO

これらの銘柄は、直近3年間のパフォーマンスに基づいて選ばれたエネルギーセクターの企業の一部です。それぞれの銘柄に関する詳細な情報や分析を希望される場合は、お知らせください。

米国のヘルスケアセクターでROEが10%以上の銘柄を教えてください。

Used **Boolio Invest**

米国のヘルスケアセクターで、ROEが10%以上の銘柄は以下の通りです：

1. **CO-DIAGNOSTICS INC** - シンボル: CODX
2. **ANAPTYSBIO INC** - シンボル: ANAB
3. **INVITAE CORP** - シンボル: NVTA

これらの銘柄は、ROEの指標に基づいて選ばれたヘルスケアセクターの企業の一部です。それぞれの銘柄に関する詳細な情報や分析を希望される場合は、お知らせください。

3.「Ｓｔａｔｉｓ Ｆｕｎｄ Ｆｉｎａｎｃｅ」

続いて「ＳｔａｔｉｓＦｕｎｄ Ｆｉｎａｎｃｅ」の使い方を解説します。

「Ｓｔａｔｉｓ Ｆｕｎｄ Ｆｉｎａｎｃｅ」はＹａｈｏｏ！ファイナンスから財務データを取得するプラグインで、過去の価格データや移動平均、相対力指数（ＲＳＩ）の計算、取引量の取得、ボラティリティや価格変動の計算、ボリンジャーバンドでの分析などを行うことができます。

例えば、「Ｍｉｃｒｏｓｏｆｔの過去１年間の株価のデータを月別で教えてください。」と入力すると、直近１年の株価の推移や出来高などをひと目で確認することができます。

また、移動平均線やＲＳＩ、ボリンジャーバンドなどをもとにした分析も可能なので、例えば「Ｍｉｃｒｏｓｏｆｔの過去１年間の株価のデータを取得し、移動平均線やＲＳＩ、ボリンジャーバンドなどを活用し、今、投資すべきかどうか分析してください。」と入力すると、２１０ページにあるような回答が得られます。

このように株価のデータやインジケーターなど、さまざまな情報から銘柄の分析を行い、評価

Microsoftの過去1年間の株価のデータを月別で教えてください。

Used **Statis Fund Finance**

以下はMicrosoft (MSFT) の過去1年間の株価のデータ（月別）です：

月	開始価格 ($)	高値 ($)	安値 ($)	終了価格 ($)	出来高
2023-09	331.31	340.86	309.69	312.79	392,181,172
2023-08	335.19	338.54	311.55	327.76	479,456,700
2023-07	339.19	366.78	327.00	335.92	666,764,400
2023-06	325.93	351.47	322.50	340.54	547,588,700
2023-05	306.97	335.94	303.40	328.39	600,807,200
2023-04	286.52	308.93	275.37	307.26	551,497,100
2023-03	250.76	289.27	245.61	288.30	747,635,000
2023-02	248.00	276.76	245.47	249.42	615,501,000
2023-01	243.08	249.83	219.35	247.81	666,168,100
2022-12	253.87	263.92	233.87	239.82	591,358,700
2022-11	234.60	255.33	213.43	255.14	615,296,000
2022-10	235.41	251.04	219.13	232.13	671,225,100

Microsoftの過去1年間の株価のデータを取得し、移動平均線やRSI、ボリンジャーバンドなどを活用し、今、投資すべきかどうか分析してください。

Used **Statis Fund Finance**

Used **Statis Fund Finance**

Used **Statis Fund Finance**

Used **Statis Fund Finance**

Microsoftの過去1年間の株価データを基に、以下の技術的指標を使用して分析を行いました。

1. **移動平均線 (50日と200日)**
   * 50日移動平均線は、短期的な価格の動きを示すもので、200日移動平均線は長期的な価格の動きを示すものです。
   * 現在、50日移動平均線は$305.07、200日移動平均線は$283.14となっています。50日移動平均線が200日移動平均線よりも上にあることから、中長期的な上昇トレンドが継続していると言えます。
2. **RSI (14日)**
   * RSIは、0から100の範囲での数値を持ち、70以上は「買われ過ぎ」、30以下は「売られ過ぎ」とされることが多いです。
   * 現在のRSIは67.5であり、70に近い数値を示しています。これは、株価が短期的には高い位置にあることを示唆していますが、まだ「買われ過ぎ」の領域には入っていません。
3. **ボリンジャーバンド**
   * ボリンジャーバンドは、中心線（移動平均線）、上部バンド、下部バンドの3本のラインで構成されます。
   * 現在の中心線は$305.07、上部バンドは$324.64、下部バンドは$285.50となっています。株価は中心線の近くに位置しており、上部バンドや下部バンドの極端な位置にはないため、大きな変動は予想されません。

結論:
Microsoftの株は、中長期的な上昇トレンドが継続しています。RSIは高い位置にありますが、「買われ過ぎ」の領域にはまだ入っていません。ボリンジャーバンドも大きな変動を示唆する位置にはありません。これらの指標を基に、現在のMicrosoftの株価は安定していると言えますが、短期的な高騰を期待するのは難しいかもしれません。

投資を行う際は、これらの技術的指標だけでなく、ファンダメンタルズや市場全体の動向、自身の投資目的やリスク許容度なども考慮してください。また、専門家の意見やアドバイスも参考にすることをおすすめします。

を行うこともできます。

「Statis Fund Finance」は株価の具体的なデータの取得や分析を行う際に効果的なプラグインですので、投資判断を行う際の材料の1つとして活用してみてください。

4. TradingBro

「TradingBro」は企業の詳細な財務情報を取得することができるプラグインです。企業の年間収益や利益率、ROE、ROAなどを詳しく知ることができます。

例えば、「Appleの年間収益を教えてください。」と入力すると、瞬時に直近の年間収益を教えてくれます。

また、製品別の収益を出すことも可能で、その企業がどの製品で大きな売上をあげているのかも分析することができます。

さらに詳細な財務情報にアクセスすることもでき、「Appleの財務情報を教えてください。」と入力すると、利益率やROE、ROAなど投資に必要な財務データを一覧で確認するこ

Appleの年間収益を教えてください。

Used TradingBro

Appleの年間収益に関する情報は以下の通りです：

- **2023年第2四半期**:
  - 収益: $89.58B
  - 営業利益: $24.77B
  - 純利益: $21.45B
  - 営業利益率: 27.64%
  - 純利益率: 23.94%
- **2023年第1四半期**:
  - 収益: $123.28B
  - 営業利益: $33.91B
  - 純利益: $28.67B
  - 営業利益率: 27.51%
  - 純利益率: 23.26%
- **2022年第4四半期**:
  - 収益: $83.36B
  - 営業利益: $23.18B
  - 純利益: $20.45B
  - 営業利益率: 27.80%
  - 純利益率: 24.53%
- **2022年第3四半期**:
  - 収益: $81.43B
  - 営業利益: $24.51B
  - 純利益: $21.74B
  - 営業利益率: 30.10%
  - 純利益率: 26.69%

Appleの年間収益を製品別に教えてください。

Used TradingBro

Appleの製品別の年間収益は以下の通りです（最新の2022年のデータを基に）：

- **iPhone**: $205.49B
- **Mac**: $40.18B
- **iPad**: $29.29B
- **Service**: $78.13B
- **Wearables, Home and Accessories**: $41.24B

これらのデータは、Appleの主要な製品カテゴリごとの収益を示しています。iPhoneが最も収益を上げている製品カテゴリであり、ServiceやWearablesなどのカテゴリも順調に成長していることがわかります。

Appleの財務情報を教えてください。
Used TradingBro
Appleの最新の財務比率は以下の通りです（2023年Q3のデータ）：
・現在比率 (Current Ratio): 0.98
・速やかな比率 (Quick Ratio): 0.81
・現金比率 (Cash Ratio): 0.23
・売掛金回転日数 (Days of Sales Outstanding): 174.86日
・在庫回転日数 (Days of Inventory Outstanding): 14.58日
・営業サイクル (Operating Cycle): 57.69日
・仕入債務回転日数 (Days of Payables Outstanding): 92.61日
・キャッシュコンバージョンサイクル (Cash Conversion Cycle): -34.91日
・粗利益率 (Gross Profit Margin): 44.52%
・営業利益率 (Operating Profit Margin): 28.12%
・税引前利益率 (Pretax Profit Margin): 27.79%
・純利益率 (Net Profit Margin): 24.31%
・資産利益率 (Return on Assets): 5.93%
・自己資本利益率 (Return on Equity): 32.98%
・総資本利益率 (Return on Capital Employed): 10.95%
・負債比率 (Debt Ratio): 32.62%
・負債対自己資本比率 (Debt Equity Ratio): 1.81
・長期債務対資本比率 (Long Term Debt to Capitalization): 61.94%
・総債務対資本比率 (Total Debt to Capitalization): 64.45%
・利子カバレッジ (Interest Coverage): 23.04
・営業キャッシュフロー/株 (Operating Cash Flow Per Share): $1.68
・フリーキャッシュフロー/株 (Free Cash Flow Per Share): $1.55
・キャッシュ/株 (Cash Per Share): $3.98
・配当性向 (Payout Ratio): 19.36%

とができます。

このように「TradingBro」は投資を検討している企業の財務情報を調べる際に非常に有用です。

使用する際にFinTorchというサイトにアカウント登録することを求められますが、登録して使う価値は十分にあるので、ぜひ試してみてください。

5. Daizy

「Daizy」はその銘柄のリスクやセンチメント評価、最近注目されているESG（環境・社会・企業統治）の観点から分析することを得意としているプラグインです。

リスク分析では、「Appleの株のリスクについて分析してください。」と入力すると、ボラティリティやVaR、シャープレシオなど、その銘柄のリスクについて詳しい情報を得ることができます。

また、センチメント分析（感情分析）

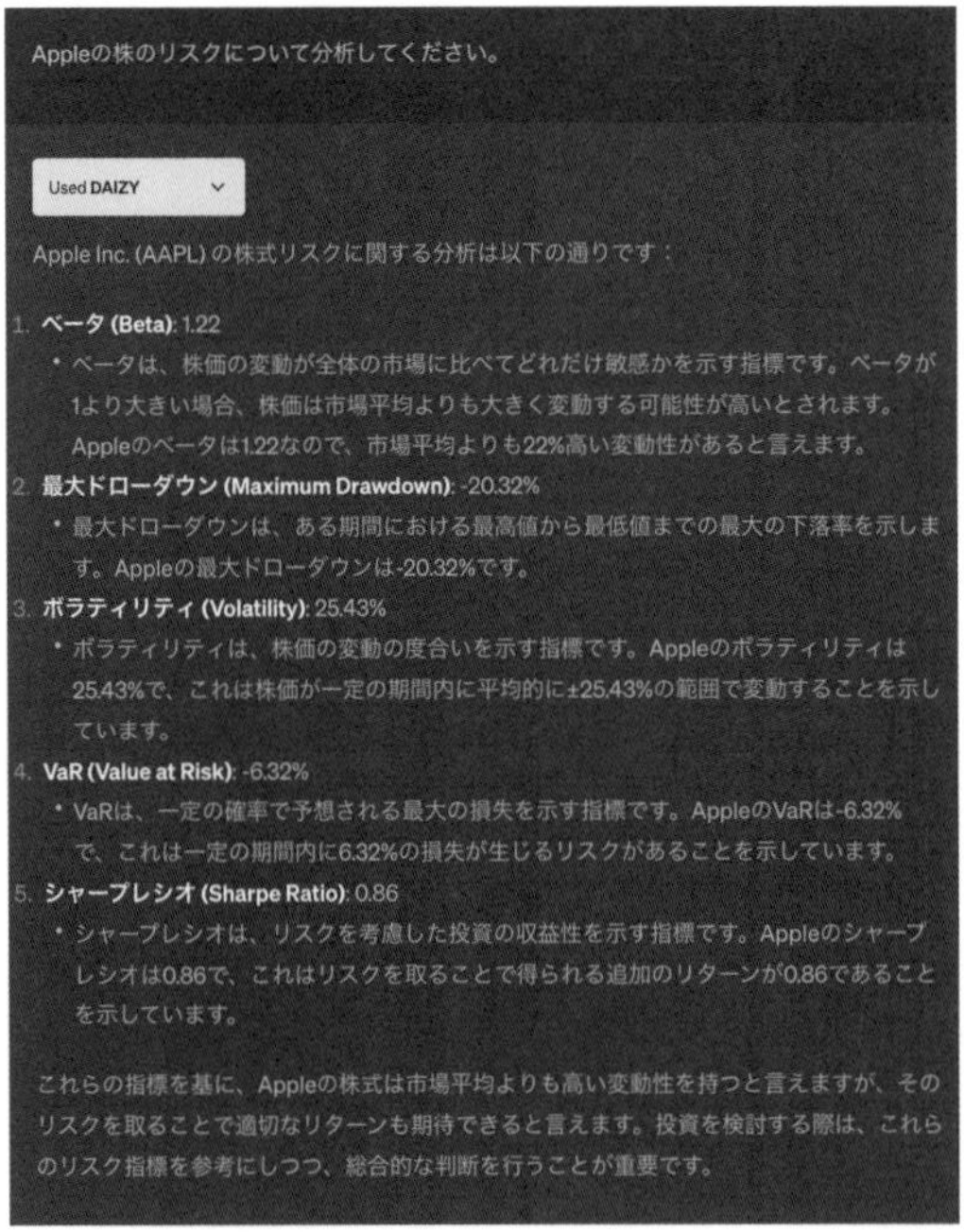
Appleの株のリスクについて分析してください。
Used DAIZY
Apple Inc. (AAPL) の株式リスクに関する分析は以下の通りです：
1. ベータ (Beta): 1.22
• ベータは、株価の変動が全体の市場に比べてどれだけ敏感かを示す指標です。ベータが1より大きい場合、株価は市場平均よりも大きく変動する可能性が高いとされます。Appleのベータは1.22なので、市場平均よりも22%高い変動性があると言えます。
2. 最大ドローダウン (Maximum Drawdown): -20.32%
• 最大ドローダウンは、ある期間における最高値から最低値までの最大の下落率を示します。Appleの最大ドローダウンは-20.32%です。
3. ボラティリティ (Volatility): 25.43%
• ボラティリティは、株価の変動の度合いを示す指標です。Appleのボラティリティは25.43%で、これは株価が一定の期間内に平均的に±25.43%の範囲で変動することを示しています。
4. VaR (Value at Risk): -6.32%
• VaRは、一定の確率で予想される最大の損失を示す指標です。AppleのVaRは-6.32%で、これは一定の期間内に6.32%の損失が生じるリスクがあることを示しています。
5. シャープレシオ (Sharpe Ratio): 0.86
• シャープレシオは、リスクを考慮した投資の収益性を示す指標です。Appleのシャープレシオは0.86で、これはリスクを取ることで得られる追加のリターンが0.86であることを示しています。
これらの指標を基に、Appleの株式は市場平均よりも高い変動性を持つと言えますが、そのリスクを取ることで適切なリターンも期待できると言えます。投資を検討する際は、これらのリスク指標を参考にしつつ、総合的な判断を行うことが重要です。

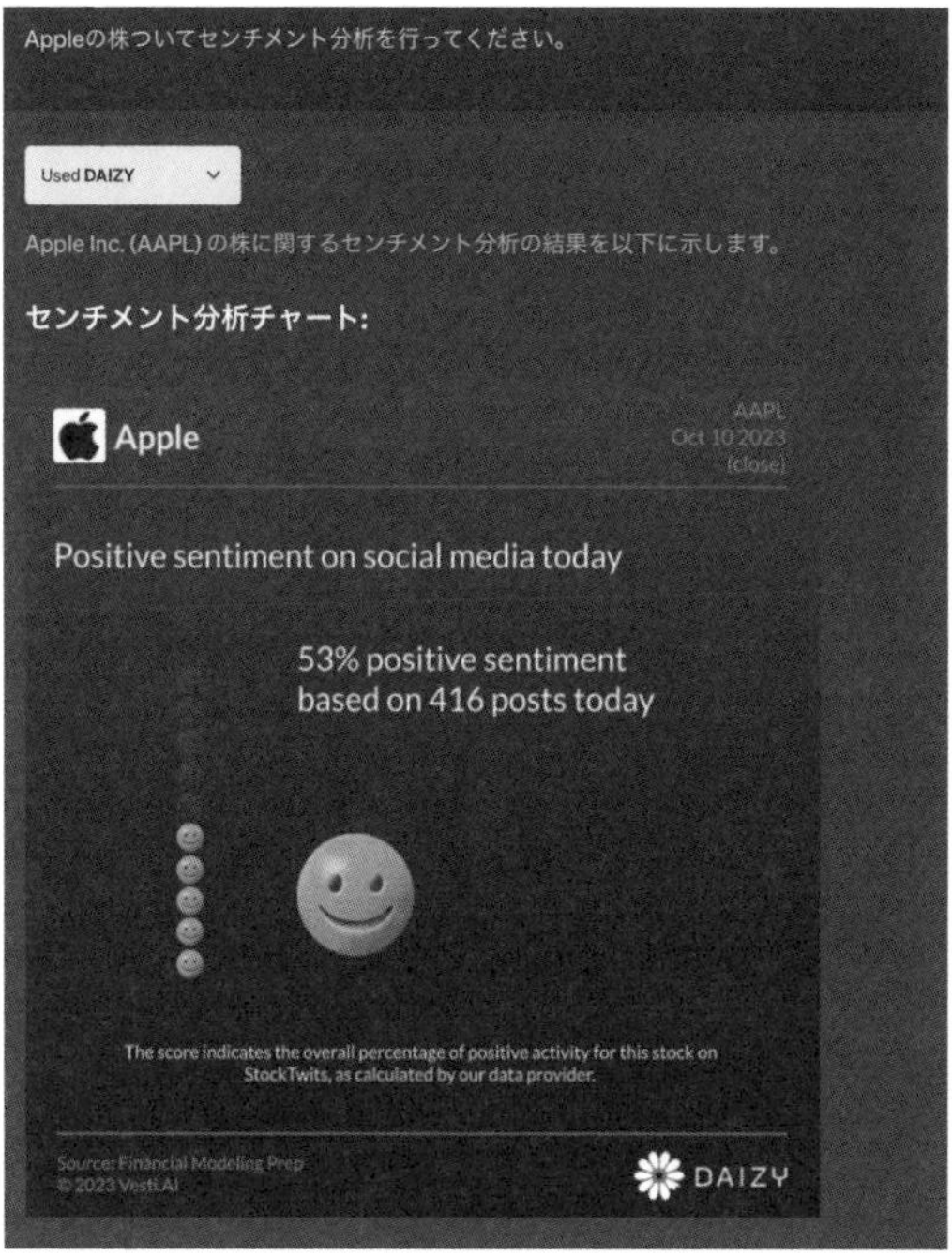

を行うことも可能で、その銘柄が市場からポジティブに思われているのか、ネガティブに思われているのかを知ることができます。

分かりやすい図とともに表示されるので、ひと目でセンチメント分析の結果が分かるようになっています。

さらにESGの観点から分析することも可能で、「Appleの株の持続可能性について分析してください。」と入力すると、次ページのようにカーボンの排出や温暖化への影響、女性役員の割合などを分析し、ESGのスコアを算出してくれます。

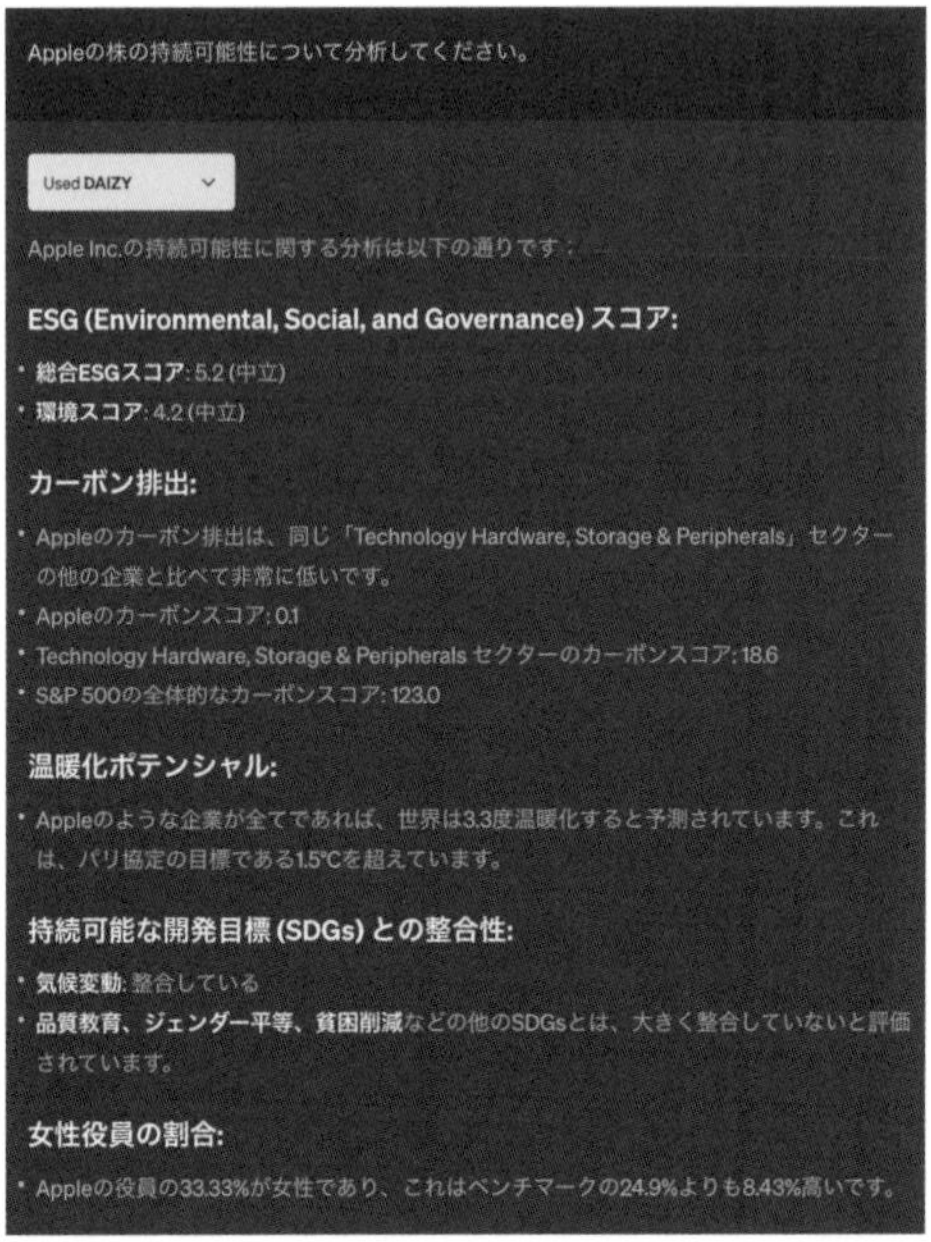
Appleの株の持続可能性について分析してください。
Used DAIZY
Apple Inc.の持続可能性に関する分析は以下の通りです：
ESG (Environmental, Social, and Governance) スコア:
・総合ESGスコア: 5.2 (中立)
・環境スコア: 4.2 (中立)
カーボン排出:
・Appleのカーボン排出は、同じ「Technology Hardware, Storage & Peripherals」セクターの他の企業と比べて非常に低いです。
・Appleのカーボンスコア: 0.1
・Technology Hardware, Storage & Peripherals セクターのカーボンスコア: 18.6
・S&P 500の全体的なカーボンスコア: 123.0
温暖化ポテンシャル:
・Appleのような企業が全てであれば、世界は3.3度温暖化すると予測されています。これは、パリ協定の目標である1.5℃を超えています。
持続可能な開発目標 (SDGs) との整合性:
・気候変動: 整合している
・品質教育、ジェンダー平等、貧困削減などの他のSDGsとは、大きく整合していないと評価されています。
女性役員の割合:
・Appleの役員の33.33%が女性であり、これはベンチマークの24.9%よりも8.43%高いです。

リスク分析やセンチメント分析はもちろん、近年注目されているＥＳＧの観点からも企業を分析することができるので、ぜひ活用してみてください。

最後に

ＣｈａｔＧＰＴは株式投資の領域においても、新しい時代の扉を開くものと言えるでしょう。

近年、株式市場は情報の流れが速くなり、投資判断を下すタイミングが以前よりも短縮されてきています。このような状況下で、ＣｈａｔＧＰＴは、投資家にとっての迅速な情報収集や分析ツールとしての大きな役割を果たすことができます。
しかし、ChatGPTの力を過信することは危険です。市場は予測不可能な要素を常に持っており、どんなに高度なAIであっても、全ての変動を正確に予測することはできません。ChatGPTは、その卓越した分析能力で私たちに情報を提供してくれますが、最終的な投資判断は、私たちの経験や知識、そして直感に基づいて行う必要があります。

また、ChatGPTの活用においても、そのアップデートや進化に目を光らせる必要があります。技術の進化は止まることなく、今日有効である手法が、明日には時代遅れとなる可能性も考えられます。そのため、常に最新の動向を追い、新しいツールやプラグインの活用方法を学び続けることが求められます。

新しい技術を取り入れることで、未知の市場の動きや新しい投資のチャンスを見つけ出すことができるのです。

本書を通じて、ChatGPTが持つ可能性についての理解を深めることができたと思います。
そして、それが皆様の投資活動において、新しい視点や戦略を形成する手助けとなることを心から期待しています。

未来の投資環境は、このような技術の進化とともに、さらに興味深く、そして挑戦的なものとなっていきます。その中で、ＣｈａｔＧＰＴは、私たちの新しいパートナーとして、その可能性を最大限に引き出す役割を果たしてくれることでしょう。

おわりに

最後まで読んでいただき、ありがとうございました。

本書の重要な部分は、なんと言っても第2章から第3章にかけての内容、これからの時代におけるＡＩの重要性です。

最近はＡＩに関するニュースを目にすることが増えましたし、ＳＮＳでも非常に話題になっています。一般社会や普段の生活においてはもちろん、投資に関してもＡＩの重要性がこれまで以上に高まることは必然だと思っています。

ＡＩを投資に活用することの重要さはお分かりいただけたかと思いますが、その次に重要なポイントとしては、大きなジャンルとして何に投資するか？　という選択です。

そこで出てくるのが、本書でおすすめしている米国株です。

Ｓ&Ｐ５００のインデックスファンドは、１００年という長い期間で見ても右肩上がりを続けています。もちろん、それまでの間に市場は何度も暴落を経験しており、その際にインデックスファンドを買っていた投資家は、大きな含み損に対して肝を冷やしていたと推測されます。

ですが、S&P500のチャートから分かるように、長い目で見れば価格は上昇し続けているのです。アメリカという国が続く限り、その伸びは今後も継続していくと予想されます。それは、経済成長とともに企業の収益も増え、それがインデックス銘柄の価格上昇につながるからです。

その一方で、インデックス銘柄の中には高成長を遂げる企業とそうでない企業が混在しており、その違いを理解することが投資の成功につながります。

ここで重要なのは、その中から特に成長性のある米国株を見つける方法です。その1つがテンバガー銘柄の探し方です。株価が10倍になるような企業を見つけて投資し、これが成功すれば、大きなリターンを狙えるでしょう。

とはいえ、テンバガー銘柄を見つけるのは簡単なことではありません。本書ではウォーレン・バフェット氏やピーター・リンチ氏といった有名な投資家の手法を紹介しましたが、彼らの手法を理解できても、自分で手法を実現し、利益をあげていくのは難しいでしょう。

そこで、誰でも活用できるAIを組み合わせることに意味があります。AIを使うことができれば、著名な投資家やプロのファンドマネージャーと同じレベルでの情報収集をすることが可能になります。

ただ、本書を読んでくださった方はお分かりになったかと思いますが、AIの設定や使い方にも知識やルールが必要です。本書で触れたように、AIを使いこなすためにはどのような「プロンプト」と「プラグイン」を選択し、どのように使いこなすかがポイントになってきます。この重要さを理解し、使いこなすことが、ＡＩ投資で勝てるかどうかの分かれ目になると言っていいかと思います。

本書のはじめにでもお伝えしましたが、今回この書籍を読んでくださった方限定でスペシャルな特典を用意致しました。次ページのＱＲコードから無料で受け取れるので、活用してください。

是非ＡＩを使いこなしていただき、私と一緒に明るい未来を迎えましょう。さらに、一緒に社会投資家として活動することができれば、私にとってこれ以上の喜びはありません。あなたのご参加、お待ちしています。

竹井佑介

本書読者様への特典

下記QRコードよりご登録ください。

↓　↓　↓

特典１

投資作業を“AIに丸投げ”できる！
初心者・未経験者のためのAIツール
「Stockey」を限定公開！

特典２

年間1000万円の収益を手にする
仕組みを構築するための
プレゼント動画「全３本」！

LINE友だち追加で受け取ることができます！

期間限定の特典となっていますので
お早めにご登録ください。

竹井佑介（たけい ゆうすけ）

投資を通して人々を幸せにすることをモットーにした社会投資家。熊本県天草生まれ、現アメリカ ロサンゼルス在住。リーマンショックの際にアメリカの株と不動産、東日本大震災の際に日本株と不動産、2014年ウクライナ侵攻の際にロシア株、その後フィリピンの株と不動産に投資。2015年スイスショックではFXで1日3500万円稼ぐ。法務格差を解消するAIによる法務サービスなどにシードで投資。事業では美容室Real meを全国9店舗、英語事業UTSS、投資家コミュニティLTC、アメリカで学習塾TLCを展開。国内外の教育施設を支援。投資、歴史、志に関する講演多数。2015年天皇陛下より紺綬褒章授章。

最新AI《さいしんえーあい》「ChatGPT《ちゃっとじーぴーてぃー》」を使《つか》った投資戦略《とうしせんりゃく》

2023年12月10日　初版発行

著者／竹井佑介《たけいゆうすけ》

発行者／小川真輔

発行／一般社団法人マネーアカデミー
〒150-0043 東京都渋谷区道玄坂1-12-1 渋谷マークシティW22階
営業TEL 03-4360-5736　編集TEL 03-3356-0254

編集・制作／株式会社ビーパブリッシング

編集協力／池田昇太

印刷所／株式会社クリード

発売／株式会社ベストセラーズ

ISBN978-4-584-13993-6　C0033

ご利用にあたって

・本書は株式投資の情報提供を目的として書かれたものです。投資の最終判断は、ご自身で行っ てくださいますようお願いします。本書の掲載内容に関しては細心の注意を払っていますが、投資状況はさまざまです。
・本書の内容に従って投資を行い、損失を出した場合も著者及び発行元・発売元はその責任を負いかねますのであらかじめご了承ください。
・本書は特定の金融商品をすすめるものではありません。
・本書は特に明記しない限り、2023年10月31日現在の情報に基づいています。
・商品価格は日々変動しており、それに伴う情報にも変更がある場合があります。